Ottomar Wilhelm

## Beiträge zur Motion der Adjektiva im Griechischen

Der Sprachgebrauch des Lukianos hinsichtlich der sogenannten Adjektiva dreier Endungen auf -os

Ottomar Wilhelm

**Beiträge zur Motion der Adjektiva im Griechischen**
*Der Sprachgebrauch des Lukianos hinsichtlich der sogenannten Adjektiva dreier Endungen auf -os*

ISBN/EAN: 9783742895585

Hergestellt in Europa, USA, Kanada, Australien, Japan

Cover: Foto ©Thomas Meinert / pixelio.de

Manufactured and distributed by brebook publishing software (www.brebook.com)

Ottomar Wilhelm

**Beiträge zur Motion der Adjektiva im Griechischen**

# Programm

des

# Herzoglichen Ernestinum (Realschule)

zu Coburg,

womit zu der

Freitag, den 8. April, vormittags 8½ Uhr

stattfindenden

# öffentlichen Prüfung

und zur

# Schlußfeier,

Dienstag, den 12. April, vormittags 10 Uhr

namens des Lehrerkollegiums ehrerbietigst und ergebenst

einladet

der Direktor **R. Klautzsch**,

Herzogl. Schulrat und Ritter des S. Ernestin. Hausordens II. Klasse.

## Ostern 1892.

Inhalt: Beiträge zur Motion der Adjektiva im Griechischen. II. Der Sprachgebrauch des Lukianos hinsichtlich der sogenannten Adjektiva dreier Endungen auf -ος von Dr. Ottomar Wilhelm

---

Coburg,
Druck der Dietz'schen Hofbuchdruckerei.

## Öffentliche Prüfung.

### Freitag, den 8. April, vormittags 8½ Uhr.

**Sexta:** Deutsch. Herr Dr. Bechmann.
**Quinta B.:** Naturgeschichte. Herr Mechthold.
**Quinta A.:** Rechnen. Herr Halter.
**Quarta B.:** Deutsch. Herr Berger.
**Quarta A.:** Französisch. Herr Rudloff.
**Untertertia:** Geographie. Herr Dr. Wilhelm.
**Obertertia:** Latein. Herr Oberlehrer Dr. Motschmann.
**Secunda:** Geschichte. Herr Dr. Felsberg.

---

## Schlußfeier.

### Dienstag, den 12. April, vormittags 10 Uhr.

Gesang. Deklamation einzelner Schüler.
Vortrag des Abiturienten Carl Baerst.
Entlassung des Abiturienten durch den Director.
Verteilung der Prämien.
Gesang.

Die von den Schülern angefertigten Zeichnungen werden an dem Prüfungstage im Zeichensaale zur geneigten Ansicht ausgelegt sein.

Zur geneigten Teilnahme an der öffentlichen Prüfung und an der Schlußfeier beehre ich mich, die hohen Herzoglichen und Städtischen Behörden, die Eltern und Angehörigen unserer Schüler, sowie alle Gönner und Freunde der Anstalt ergebenst einzuladen.

Der Schluß des Schuljahres erfolgt Dienstag, den 12. April, nachmittags mit der Verteilung der Censuren und Bekanntmachung der Versetzungen.

---

Über eine in Aussicht genommene Umgestaltung des Herzoglichen Ernestinum schweben zur Zeit die Verhandlungen noch. Deshalb muß von der Veröffentlichung des Lehrplanes, sowie der andern Schulnachrichten für dies Mal abgesehen werden.

Zur Anmeldung neuer Schüler wird der Direktor Dienstag, den 26. und Mittwoch, den 27. April vormittags von 9 bis 11 Uhr, in seinem Amtszimmer im Ernestinum bereit sein. Die Aufnahme-Prüfung findet Donnerstag, den 28. April vormittags von 9 Uhr ab im Ernestinum statt. Jeder neu eintretende Schüler hat den Geburtsschein, Impfschein, sowie ein Zeugnis über den bisher genossenen Unterricht mitzubringen.

Schließlich wird in Erinnerung gebracht, daß wegen der Wohnung auswärtiger Schüler mit dem Direktor Rücksprache zu nehmen ist, sowie daß ein Wechsel der Wohnung von Seiten solcher Schüler erst nach vorgängiger Anzeige bei dem Direktor stattfinden darf.

Ferner: Eine Schulversäumnis ist, wenn nicht Krankheit dazu Anlaß bietet, vorher dem Direktor und dem Klassenordinarius anzuzeigen und darf nur nach eingeholter Genehmigung stattfinden. Auch in Krankheitsfällen ist für rechtzeitige Einsendung eines Entschuldigungszettels an den Klassenordinarius Sorge zu tragen.

Mancherlei Erfahrungen veranlassen zu dem dringenden Ersuchen an die geehrten Eltern und Angehörigen unserer Schüler, wegen etwaigen Privatunterrichts zuvor sich mit dem Direktor oder den Klassenlehrern zu besprechen. Namentlich erklären wir uns gegen einen Privatunterricht, welcher der Klasse vorauseilt, da derselbe nur dazu beitragen kann, das Interesse des Schülers für den in der Schule gewährten Unterricht abzuschwächen. Im allgemeinen sind wir der Ansicht, daß der Schüler bei angestrengtem Fleiße und gewissenhafter Pflichterfüllung ohne Privatunterricht sein Ziel erreichen muß. Nur wo Lücken im Wissen sich finden, wird derselbe geboten sein.

Zur besonderen Beachtung wird noch auf die Bestimmung der Schulordnung hingewiesen, daß den Schülern der Besuch eines Wirtshauses in oder außerhalb der Stadt ohne Begleitung eines erwachsenen Angehörigen untersagt ist, und daß Übertretungen dieser Vorschrift von der Konferenz geahndet werden.

Coburg, 1. April 1892.

R. Klautzsch.

# Beiträge zur Motion der Adjektiva im Griechischen.

## II. Der Sprachgebrauch des Lukianos hinsichtlich der sogenannten Adjektiva dreier Endungen auf -ος.

Wenn einmal eine vollständige Geschichte der griechischen Sprache geschrieben werden wird, so wird ohne Zweifel auch der Motion oder Geschlechtsflexion der Adjektiva ein besonderes Kapitel gewidmet werden müssen; denn gerade in dieser Beziehung weist das Altgriechische gegenüber den indogermanischen Schwestersprachen mancherlei Eigentümlichkeiten auf. Freilich wird man ein endgültiges Urteil über diese ganze Frage erst dann fällen können, wenn zuvor alle Dialekte, Kunstsprachen und Schriftsteller nach dieser Seite hin durchforscht sind.[1]

Angeregt durch die Besprechung, welche meiner kleinen Schrift „Zur Motion der Adjektiva dreier Endungen im Griechischen, insbesondere bei Homer und Hesiod"[2] in der Berliner Wochenschrift für Klassische Philologie (1887 No. 50) seitens A. Gemoll zu teil geworden ist, habe ich im nachfolgenden unternommen einen weiteren Beitrag zur Lösung dieser Frage zu liefern. In der genannten Arbeit hatte ich den Versuch gemacht die Ursachen der verschiedenen Analogiebildungen bei der Motion der Adjektiva dreier Endungen zu untersuchen und dabei den Sprachgebrauch Homers und Hesiods in dieser Hinsicht festgestellt. Es könnte nun befremdlich erscheinen, dass ich, anstatt die einzelnen Schriftsteller in chronologischer Reihenfolge durchzuarbeiten, nach Homer und Hesiod zunächst Lukianos, welcher dem zweiten nachchristlichen Jahrhundert angehört, für diese Untersuchung heranziehe. Indessen bestehen zwischen Lukianos und Homer sehr viele Beziehungen, und es ist in neuerer Zeit mehrfach, so besonders von A. Joost in seiner Abhandlung „De Luciano ΦΙΛΟΜΗΡΩΙ",[3] dargethan worden, wie vielfach Lukianos gerade Homer für seine Zwecke benutzt hat. Derselbe sagt S. 21: Quae cum congererem, ostendere volui, quam magnam multitudinem non modo versuum ac verborum, verum etiam fabularum ex Homeri carminibus Lucianus in sua opera transtulerit etc. Auch betont Joost sehr richtig, dass dieser Umstand

---

[1] Vgl. Delbrück, Grundlagen der griech. Syntax 1879 S. 64. [2] Programm der Coburger Realschule 1886 und Leipzig, G. Fock. 1886. [3] Progr. des städtischen Progymnasii zu Lötzen 1883. Vgl. auch Otte Buchwald, Homer in Lucian's Schriften, Progr. des Görlitzer Gymnasiums 1874.

selbst für die Kritik derjenigen Schriften des Lukianos, deren Echtheit angezweifelt wird, sehr wohl zu berücksichtigen sei.¹) Überhaupt ist der Einfluss Homers auf alle späteren griechischen Schriftsteller, nicht nur Dichter, sondern auch Prosaiker, ziemlich bedeutend gewesen.²) So wurden bekanntlich homerische Verse dem Schulunterricht und den Übungen im Lesen, Memorieren und Erklären zu Grunde gelegt. Nach allen Seiten drang Homer, der Dichter κατ' ἐξοχήν, in das Nationalbewusstsein der Griechen ein, so dass selbst Platon unumwunden den Homer Griechenlands Erzieher nannte.³) (De rep. X p. 606 E τὴν Ἑλλάδα πεπαίδευκεν οὗτος ὁ ποιητής).

Daraus erklärt sich vielleicht auch die Thatsache, dass, wie mir wenigstens scheint, die in der homerischen Sprache vorhandenen Typen für Analogiebildungen beispielsweise bei der Motion der Adjektiva nicht ohne erheblichen Einfluss auf die ganze spätere Gräcität geblieben sind.

Ausser Homer hat Lukianos aber namentlich Hesiod, (Vgl. Dissert. c. Hes., Verae Historiae II, 22; Ikaromenippus 27) sowie auch andere epische Dichter, ferner Lyriker, Tragiker und Komiker vielfach benutzt und auch angeführt⁴) und seine Sprache hat häufig einen poetischen Anstrich⁵) wennschon zugestanden werden muss, dass sich das Poetische in seinem Ausdruck durchaus natürlich in den Gesamtcharakter seiner Sprache einfügt und in massvoller Weise herangezogen ist.⁶) Es muss also in der folgenden Untersuchung darauf Bedacht genommen werden, welche Wörter und Formen der Sprache der Dichter entlehnt — abgesehen von den in Versen verfassten kleinen Dramen Okypus und Tragödopodagra⁷) und den unter Lukianos Namen überlieferten Epigrammen — und in Folge dessen nach dem freieren Gebrauche derselben moviert sind gegenüber dem strengeren Brauch der attischen Prosa, welche Lukianos im grossen und ganzen mit ziemlicher Meisterschaft angestrebt hat.⁸) In dieser Beziehung zeigt, wie Schmid sagt,⁹) „ein Blick auf die Autoritäten der gewählteren attischen Ausdrücke, deren sich Lucian bedient, deutlich, dass er seinen Wortvorrat hauptsächlich aus drei Quellen holt, nämlich aus Platon, Xenophon und der

---

¹) S. 21 In hac enim ultima dissertationis meae parte ostendere mihi in animo est rationem, quae intercedit inter Homerum et Lucianum, non parvi aestimandam esse in nonnullis libris, de quibus dubitatur, sintne adiudicandi Luciano an non. Vgl. dazu auch O. Wichmann, Zeitschr. f. Gymn.-W. 1884. Jahresb. S. 154. ²) Vgl. Joost a. a. O. S. 1: Manat enim ab Homerica poesi, sole illo poeseos Graecae, lux ad posterorum scriptorum opera radiique eius illustrant labentis iam aevi scripta, quoque quis propius ad litteras Graecas accessit, eo saepius in libris eius vestigia invenientur Homeri, revera „fontis perennis", ut ait Ovidius (amor. III, 9, 25). Vgl. auch E. Ziegeler, De Luciano poetarum iudice et imitatore, Göttingen 1872 p. 1 und Kock, Lucian und die Komödie, Rhein. Mus. f. Philol. 1888, Bd. 43 S. 29. ³) Vgl. W. Christ, Geschichte der griechischen Litteratur, 2 A. 1890. S. 56. ⁴) Vgl. Ziegeler, De Luciano poetarum iudice et imitatore. ⁵) Vgl. Sommerbrodt, Luc. op. vol. I, pars II p. XII θρέμμα vox Aeschylea a Luciani sermone saepe poetico non abhorret. ⁶) Vgl. W. Schmid, Der Atticismus in seinen Hauptvertretern von Dionysius v. Halikarnass bis auf den zweiten Philostratus I. Band (1887 Stuttg.) S. 402. ⁷) Über die Beschaffenheit der in diesen Dramen vorkommenden Trimeter — etwa 400 an Zahl — ist zu vergleichen Theodor Kock, Lucian und die Komödie, Rhein. Mus. f. Phil. 1888, Bd. 43, 1 H. S. 30 f. ⁸) Vgl. Sommerbrodt, Ausgew. Schriften des Lucian I. Bdchn. Einleit. p. XXVI f. ⁹) Der Atticismus S. 400 f.

attischen Komödie, und zwar nicht ausschliesslich der alten, sondern auch der mittleren und neuen." Allerdings konnte auch Lukianos trotz seines eifrigen Studiums des Thucydides, Platon und der attischen Redner[1]) und trotz seines ernsten unermüdeten Strebens nach der wahren Gesundheit des attischen Ausdrucks sich nicht ganz dem Einflusse seiner Zeit entziehen.[2]) Sprachlich interessant ist auch der reiche Schatz von Sprichwörtern, welchen uns Lukianos in seinen Schriften hinterlassen hat. Denn gerade die Sprichwörter führen uns tiefer in das Leben, wie in die Sprache des Volkes ein, in welcher ja alles Leben zum Ausdruck und Bewusstsein kommt.[3])

Was die äussere Einrichtung meiner Arbeit anlangt, so habe ich der besseren Übersicht und Vollständigkeit wegen sämtliche Arten zusammengesetzter Adjektiva einzeln aufgeführt, trotzdem dass in der einen oder der anderen Kategorie kaum eine Ausnahme zu verzeichnen war. Im allgemeinen dürften allerdings bei einem Prosaschriftsteller die einfachen Adjektiva wegen der an ihnen häufiger nicht vollzogenen Geschlechtsflexion das Hauptinteresse der Untersuchung in Anspruch nehmen.

Schliesslich ist noch zu bemerken, dass, soweit es für meine Zwecke erforderlich war, von mir die Frage nach der Echtheit oder Unechtheit einer Schrift sowie der Verschiedenheit der Lesarten einer Stelle nicht ganz ausser Acht gelassen worden ist. Vielmehr habe ich mich nach Kräften bemüht die hierüber zahlreich erschienene Litteratur, soweit dieselbe mir zugänglich war, einzusehen und für meine Abhandlung zu verwerten.

Von Ausgaben sind folgende von mir benutzt worden: Lucianus. Recogn. Julius Sommerbrodt, Volum. I. p. I. Berol. 1886 u. Volum. I. p. II 1889. Sodann: Ausgewählte Schriften des Lucian, erklärt von J. Sommerbrodt, 1. Bdchn. 3 A. 1888; 2. Bdchn. 2 A. 1869; 3. Bdchn. 2 A. 1878. Mit Ausnahme derjenigen Schriften, welche von Sommerbrodt, der neben Fritzsche wohl der kompetenteste Richter der Gegenwart auf dem Gebiete der höheren Lukiankritik genannt werden darf,[4]) herausgegeben sind, citiere ich nach Jacobitz, Luciani Samosatensis opera, kleine Ausgabe Lpz. Teubner vol. I 1888; vol. II u. III 1887.

---

[1]) So weist er z. B. in den Schriften de Histor. conscr. und Rhetor. praecept. auf die Meister der klassischen Litteratur als die wahren Vorbilder für künstlerische Behandlung der Sprache hin. Vgl. auch Lexiphanes c. 22 u. 23. [2]) Vgl. Sbrdt. Ausg. Schrift Einl. p. XXVII und Schmid, a. a. O. I S. 403 u. 432, an welch letzterer Stelle er bemerkt, dass die Wörter des späten Sprachgebrauches ungefähr 1/5 von Lukians Wortschatz bilden. [3]) Vgl. Sbrdt. a. a. O. Einl. p. XXVIII; eine Sammlung von Sprichwörtern bei Lukianos gibt schon Schwidop, Observationum Lucianearum specimen II p. 57 ff. [4]) Vgl. O. Wichmann, Lucian als Schulschriftsteller, Progr. des Wilhelms-Gymnasiums zu Eberswalde, 1887. S. 4.

# I. Die zusammengesetzten Adjektiva.

**A. Zusammengesetzte Adjektiva,** — adjektivische Komposita – deren Schlussglied ein Substantivum auf -ος, -ον ist. (Attributive oder Bahuvrihi-Komposita).

Es folgen zunächst in tabellarischer Übersicht die Komposita mit masculinem o-Stamme:[1]

*Ἄ-γονος* (*γόνος*) ἢ στεῖρα καὶ ἄγονος διετέλεσας, Dial. mort. 28. 2. *ἄγρ-υπνος* (*ὕπνος*) ἡ Σελήνη δὲ ἄγρυπνος, Bis Acc. 1; dsgl. *ἄ-υπνος*, πολλὰς μὲν ἀΰπνους νύκτας, De merc. cond. 11, nach Homer Il. IX. 325;[2] vgl. Od. 19, 340.

*ἀγχί-σπορος* (*σπόρος*) von nahem Samen, nahverwandt, „ὅσαι Ζηνὸς ἐγγὺς καὶ θεῶν ἀγχίσποροι," Demosth. enc. 13,[3] φησὶν ὁ τραγικός, aus Aeschylus Niobe fragm. 9, 1, 2;[4] ebenso *ἄ-σπορος*, οὐχ οὕτως ἄσπορος ἡ ἀρχή de luctu 19;[5] γῆ ἄσπορος Saturn. 20.

*ἀ-θάνατος* (*θάνατος*), ist in der Prosa nur zweigeschlechtig, während es bei Homer und Hesiod, ebenso bei den attischen Dichtern, mehrfach dreigeschlechtig gebraucht wird. Die Stelle aus Isokrates 9, § 16, wo ἀθανάτῃ nach einer Handschrift steht, und welche Kühner S. 540 anführt,[6] scheint zweifelhaft zu sein.

Amor. 19. ἀθανάτοις διαδοχαῖς; ἀθάνατος ἡ ψυχή Demon. 32; dasselbe Bis Acc. 34; muscae enc. 7; Akkus. Dial. mort. 10, 11.

*ἄ-καιρος* (*καιρός*) διαβολὴ ἄκαιρος, Abd. 30; ὦ τῆς ἀκαίρου ταύτης περιεργίας Asin. 15;[7] dass. im Akkus. de salt. 35; τὴν χρῆσιν ἄκαιρον Pseudol. 16; ἄκαιρον sc. φιλοτιμίαν de salt. 33; ξυμβουλήν τινα [τοιαύτην] οὐκ ἄκαιρον Apol. 2, desgl. *εὔ-καιρος*, καθέδρα μάλα ἡδεῖα καὶ εὔκαιρος Anach. 18; εὔκαιρος χάρις Amor. 1; εὐκαίρῳ τῇ ὥρσει Imag. 14; εὔκαιρον ἐπιβολήν Imag. 7 und Zeuxis 5.

*ἄ-καρπος* (*καρπός*) οὐδὲ ἄκαρπος ἡ ἀρχή De luct. 19; γῆ ἀκριβῶς ἄκαρπος, πεδινὴ ἅπασα De Dipsad. 1 (Pseudolukianische Schrift); desgl. πυκνί-καρπος, μυρρίνη Amor. 12.

*ἄ-λογος* (*λόγος*) ἡ λήθη τοῦ καλοῦ, De merc. cond. 8. Die ganze Stelle erinnert an Od. IX, 94 ff.;[8] ὀργὴ ἄλογος Abd. 30; ἡμέρα Lexiph. 9; ἐπιτίμησις, De salt. 5; ἀλόγῳ φορᾷ Jupp. trag. 36; ἄλογον κίνησιν De salt. 63; ἀλόγους αἰτίας Abd. 8; ferner *ἀνά-λογος*, διάνοιαν Hale. 6; *εὔ-λογος*, ἀρχήν Pseudolog. 2; Conv. 30; εὐλόγου ἀπολογίας Apol. 11; εὐλόγους

---

[1] Es werden nur diejenigen Adjektiva angeführt, welche sich auf ein Substantivum feminini generis beziehen. [2] Vgl. Joost a. a. O. S. 8. [3] Diese Schrift gilt für unecht; vgl. Joost, S. 11, Anm. 17; Dindorfs Ausgabe I p. IX. [4] Vgl. hierüber Georg Brambs, Über Citate und Reminiszenzen aus Dichtern bei Lucian und einigen späteren Schriftstellern, Progr. Eichstätt 1887/88, S. 51. [5] Die Schrift „Περὶ πένθους" wird von allen ausser von Dindorf für unecht erklärt, wozu Joost a. a. O. Seite 11, Anm. 17 bemerkt: Ceterum libellus ieiunus mihi videtur et aridus mirum quantum, eine Ansicht, welcher ich durchaus beistimme. [6] Kühner, Ausführliche Grammatik der griechischen Sprache, 3. Auflage, I. Band. Hannover 1890, besorgt v. Fr. Blass. [7] Die Echtheit dieser Schrift ist durch E. Rhode, über Lucians Schrift Λούκιος ἢ ὄνος sehr wahrscheinlich gemacht. [8] Vgl. Joost a. a. O. S. 19.

τὰς προφάσεις Abdic. 22; παρά-λογος, σωτηρίαν De merc. cond. 1; νόσον χαλεπὴν καὶ παράλογον Abd. 6: μικρο-λόγος, wohl direkt von der Wurzel λεγ abzuleiten, Μοῖρα Amor. 25; ἀμφί-κρημνος (κρημνός) ἀμφίκρημνος ἀπάτη Philopatr. 16.[1]) ἄ-νομος (νόμος) ἀνόμου τ' ἀφροσύνας Piscat. 3. Diese Stelle ist aus Eurip. Bacch. 379—81 entlehnt, wozu Pseudol. 32 zu vergleichen ist.[2]) Dsgl. ἔν-νομος, ἐκκλησίας ἐννόμου ἀγομένης Deor. conc. 14; τῶν ἐννόμων πράξεων Pseudol. 13; παρά-νομος, γνώμην Tox. 24;[3]) συγχύσεως παρανόμου Jud. vocal. 4.

ἄ-οκνος (ὄκνους) ἀόκνους εἶναι αὐτάς Dial. marin. 6, 1.

ἀπ-άνθρωπος, (ἄνθρωπος) ἐρήμην καὶ ἀπάνθρωπον sc. τὴν γῆν Prom. 11. ἀπάνθρωπον ᾠδήν Phal. pr. 13; desgl. πολυ-άνθρωπος, πόλιν μεγάλην καὶ πολυάνθρωπον, Asin. 34; κώμην Asin. 41; von diesem Kompositum findet sich auch De morte Peregr. 1 ein Superlativ: τὴν πολυανθρωποτάτην τῶν πανηγύρεων und das Neutrum dazu Vit. auct. 10 τὰ πολυανθρωπότατα τῶν χωρίων, ein Beweis, dass das Wort vollkommen adjektiviert war; vgl. Xen. Hell. 2, 3, 24 u. μακροβιώτατοι Luc. Musc. enc. 12.

ἀπό-δημος (δῆμος) τῆς ἀποδήμου στρατείας. Amor. 6; desgl. πάν-δημο;, τῇ πανδήμῳ θῦσαι Dial. meretr. 7, 1; Ἀφροδίτης πανδήμου Dem. enc. 13; τὴν πάνδημον Rhet. praec. 25: πάνδημόν τινα καὶ κοινὴν ψῆφον Herod. 2; ὦ πάνδημε Ποδάγρα, Tragodop. 322.[4])

ἄ-πορος (πόρος) ἡ ψάμμος δύσβατος καὶ ἄπορος De dipsad. 2; ἡ ἡλικία Hale. 6; αἱ κομψαὶ καὶ ἄποροι καὶ ἄτοποι ἀποκρίσεις Fugitiv. 10; πρὸς τὰς ἀπόρους τῶν ἐρωτήσεων Demon. 39.[5]) ἐρωτήσεις ἀπόρους Dial. mort. 10, 8; ebenso δύσ-πορος, ἡ ὁδός, Dial. marin. 14, 2; Akk. Dial. deor. 10, 2; εὔ-πορος, διουργίαν ταύτην εὔπορον Jupp. trag. 14.

ἄ-σιτος (σῖτος) αἵ γε καὶ μακροβιώταταί εἰσι καὶ τοῦ χειμῶνος ὅλου ἄσιτοι διακαρτεροῦσιν ὑπεπτηχυῖαι Musc. enc. 12; Das Wort zuerst Od. 4, 787 f. von der Penelope gebraucht; es findet sich später bei Sophokles, Platon und Xenophon; ausserdem gebraucht Lukian ein Kompositum οἰκό-σιτος, Musc. Somn. 1.

ἄ-τοπος (τόπος) s. oben unter ἄπορος; desgl. ἔκ-τοπος, τὴν ἔκτοπον πλεονεξίαν Jud. voc. 6.

ἄ-τρομος (τρόμος) κόρας ἄτρομον φυάν Tragodop. 96.

ἄ-τυφος (τῦφος) μετρίαν καὶ ἄτυφον ἔφης αὐτήν Pro imag. 8.

αὐτό-κλάδος (κλάδος) κυπαρίττοις μεγάλαις αὐτοκλάδοις καὶ αὐτοκόμοις Ver. Hist. 1, 40.

---

[1]) Vgl. Joost a. a. O. S. 23. Der Dialog Philopatris ist nach A. v. Gutschmidt im litterar. Centralblatt 1868 p. 641 f. um das Jahr 623 n. Chr. geschrieben. Ihm schliesst sich E. Rhode über Lucians Schrift Λούκιος ἢ ὄνος p. 7 an. [2]) Vgl. Bramba a. a. O. S. 49 u. 35; ferner Schulze Lukianos als Quelle für die Kenntnis der Tragödie, Neue Jahrb. f. Philol. u. Paed. 135/136, 1887 2. Heft S. 124. [3]) Die Schrift „Τόξαρις ἢ φιλία" spricht Sbrdt. (Ausgew. Schrift. d. L. p. XXI) dem Lukianos ab. [4]) Über die Beschaffenheit der Trimeter in der Tragödopodagra und im Okypus lässt sich Th. Kock a. a. O. S. 30 also vernehmen: Die etwa 400 Trimeter in Lucians Tragödopodagra und Okypus zeigen eine Mischung dieser Kunstformen, in der Behandlung der Position folgt er den Tragikern, in der Zulassung des Anapästes den Komikern, seine Ausdrücke nimmt er ohne Sorge für Stil aus dem ganzen Gebiete der Litteratur. Und S. 31: Wo also in seinen Schriften Gruppen von tadellosen Trimetern sich finden — einzelne, die nicht selten in seine Darstellung eingestreut sind, dürfen nicht mit in Rechnung gezogen werden — da muss man wohl annehmen, dass sie nicht von ihm herrühren. [5]) Die Echtheit des Demonax ist wiederholt, so z. B. v. Bekker und Bernays bezweifelt worden, jedenfalls ermangelt er der letzten Hand. Vgl. hierzu W. Christ a. a. O. S. 618 u. 621.

δύσ-γαμος (γάμος) ἁ δύσγαμος χελιδών, Tragödop. 49: das Wort ist zuerst von Euripides gebraucht worden; desgl. νεό-γαμος, τὴν νεόγαμον γυναῖκα, Dial. mort. 19, 1;[1]) Genibid. 19, 2; ἣν νεόγαμον καταλιπών Dial. mort. 23, 1. ἐπί-γαμος, θυγάτηρ αὕτη Toxaris 24. νεόγαμος und ἐπίγαμος sind zuerst von Herodot angewendet worden.

δυσ-έξ-οδος (ὁδός) δυσέξοδοι καὶ λαβυρινθώδεις ἐρωτήσεις Fugitiv. 10.

ἐγρε-κύδοιμος (κυδοιμός) τὰν ἐγρεκύδοιμον Ἀθάναν, Tragödop. 98, wozu Hesiod Theog. 925 zu vergleichen ist.

ἐκ-πρό-θεσμος (θεσμός) ἐκπρόθεσμον τὴν ἔφεσιν (verspätete Appellation) Prom. 4; Hermot. 80; Saturnal. 2; Anach. 39.

ἐκ-στάδιος (στάδιον u. στάδιος) ἐκστάδιος γὰρ οἱμαί σοι ἡ ἀρχή Navig. 39.

ἔμ-πνοος (πνόος — πνοῦς) καὶ ἔμπνους ἐστίν sc. μυῖα Musc. enc. 6.

ἔν-θεος (θεός) ἐνθέου τινὸς ἐπιπνοίας, Demosth. enc. 5; ἔνθεον ὁλολυγήν Tragödop. 31; desgl. Akk. Hermot. 60.

ἐπί-πονος (πόνος) συνάψαι νύκτας ἐπιπόνοις ἡμέραις, Demosth. enc. 14; desgl. φιλόπονος, ψυχῆς κρᾶσιν .. συγκειμένην, ᾳδίαν τολμηράν, παράβολον, φιλόπονον Alex. 4.

ἐπί-φθονος (φθόνος) ἐπίφθονος οἵει (Galathea) γεγονέναι, Dial. marin. 1, 2.

ἐπί-χρυσος (χρυσός) ταινίας τινὰς .. ἐπιχρύσους Pisc. 50; φῦσαι ἐπίχρυσοι De merc. cond. 22.

ἑπτά-μιτος (μίτος) ἡ δὲ λύρη ἑπτάμιτος ἐοῦσα, De astrol. 10.[2])

εὐ-ήλιος (ἥλιος) καὶ εὐηλίῳ καὶ εὐηνέμῳ καὶ ἐξειργασμένη sc. χώρᾳ Abdic. 27.[3])

εὐ-ήνεμος (ἄνεμος) Abdic. 27; siehe das vorhergehende Wort.

εὔ-νους (νοῦς aus νόος) πάνυ εὔνουν (τὴν γνώμην) Pro laps. in salut. 18.

εὔ-ορκος (ὅρκος) εὔορκον τὴν ψῆφον Bis accus. 32.

εὔ-ορμος (ὅρμος) θαλάττῃ εὐόρμῳ Gall. 24.

εὔ-πυργος (πύργος) ἡ Βαβυλὼν δέ σοι ἐκείνη ἐστὶν ἡ εὔπυργος Charon 23; dichterisches Wort; Il. 7, 71. Τροίην und πόλις Hes. sc. 270.

εὔ-ρυθμος (ῥυθμός) εὔρυθμος κοινωνία De salt. 7;

εὔ-στοχος (στοχός) δι' εὐστόχου δεξιᾶς Amor. 45.

εὔ-τονος (τόνος) πρᾶξις εὔτονος Okyp. 53.

ἰσ-άριθμος (ἀριθμός) δωρεὰς ἰσαρίθμους Tyrannic. 2; desgl. τρισ-άριθμος, εἰκοσάδα τρισάριθμον Alex. 11 (in einem Orakelspruch gebraucht).

λευκό-λοφος (λόφος) λευκολόφους τριφαλείας Pilopatr. 25; die Stelle enthält eine Anspielung auf Aristophanes' Frösche 1016 und Lysistrata 1255.

μισό-πτωχος (πτωχός als Substantivum) Μισόπτωχε θεά Epigr. 47, 1.

ὀβριμό-θυμος (θυμός) ὀβριμόθυμε θεά Tragödop. 192; das Wort kommt zuerst bei Hesiod Theog. 140 u. Hym. h. 7, 2 vor.

ὁλό-κληρος (κλῆρος) ἀρετή Amor. 51; desgl. σύγ-κληρος, σύγκληρον τάξιν Amor. 24.

---

[1]) Zu dieser Stelle ist Joost a. a. O. S. 20 zu vergleichen. [2]) Diese Schrift ist wohl schwerlich echt. Vgl. Sommerbrodt, Ausg. Schrift. d. Lucian, I. Bdchn. Einl. p. XXI. [3]) Auch die Schrift „Ἀποκηρυττόμενος" scheidet Sbrdt. ebend. p. XXI als nicht lukianisch aus.

πολύ-θρηνος (θρῆνος) ὄρνις Hale. 1.[1])
ῥοδο-δάκτυλος (δάκτυλος) Homerisches Beiwort von ἠώς, καὶ φιλομειδὴ δὲ Ὅμηρος ποιήσει καὶ λευκώλενον καὶ ῥοδοδάκτυλον Imag. 8;[2]) τὴν μὲν γὰρ ῥοδοδάκτυλον τίς ἀγνοεῖ; Pro imag. 26.[3])
σιδηρό-χαλκος (χαλκός) σιδηρόχαλκον ἐπιφέρω τομήν Okyp. 96.
τετρά-κυκλος (κύκλος) ὁμωνυμίην τετράκυκλον, Alex. 11.
τρι-άρμενος (ἄρμενος) ὁλκάδα τριάρμενον ἐν οὐρίῳ πλίουσαν Lexiphan. 15.
ὑπέρ-αντλος (ἄντλος) ὑπέραντλον ὕβριν Tim. 4.
ὑπ-ώροφος (ὄροφος) τὴν ὑπώροφον στέγην Tragodop. 59.

Ausnahmen kommen bei diesen Kompositis, wie die vorstehende Übersicht zeigt, bei Lukianos nicht vor, aber auch sonst nicht in der Prosa. Denn die Stelle aus Isokrates 9, § 16 ist, wie oben S. 4 erwähnt wurde, unsicher. In der älteren Sprache wurden auch nur ἀθάνατος und ἀκάματος dreigeschlechtig gebraucht, ein Gebrauch, welchen die attischen Dichter dann nachahmten. Viele dieser Komposita waren ursprünglich Substantiva[4]) und bildeten, als sie adjektiviert wurden, wegen der geringen formellen Abbeugung wohl ein Neutrum, aber kein besonderes Femininum.[5])

Von den in obiger Tabelle angeführten Kompositis kommen bereits bei Homer und Hesiod in Verbindung mit Substantiven weiblichen Geschlechts folgende vor:

ἀ-θάνατος, ἄ-σιτος, ἄ-ὑπνος, ἄ-φθονος, εὔ-ορμος, εὔ-πυργος, ῥοδο-δάκτυλος, τετρά-κυκλος; ausserdem Zusammensetzungen mit dem zweiten Gliede in den Wörtern ἄγρ-υπνος, ἄ-καρπος und πυκνό-καρπος, ἐπί-φθονος, ἐπί-χρυσος, εὔ-ήνεμος, εὔ-νοος, ὀβριμό-θυμος und σιδηρό-χαλκος.

An diese Zusammensetzungen mit masculinem o-Stamme reihen sich aus naheliegenden Gründen die mit neutralem an.[6])

ἄ-ζυγος = ἄζυξ (ζυγόν) ἐκ τῆς ἀζύγου κοίτης Amor. 44.
ἄ-κακος (κακόν) ἐξ ἀκάκου καὶ ἀπαλῆς ἔτι ψυχῆς Amor. 32.
ἄν-οπλος (ὅπλον) τῆς ἐνόπλου θεᾶς Philop. 8. κόρη ἔνοπλος; Deor. Dial. 8; Akk. ibid. 8.
ἄ-πτερος (πτερόν) ὄρνις ψύττα κατατείνασαι ἄπτεροι καὶ αὐταὶ Saturn. 35; τὰς ὄρνεις δὲ τὰς παχείας, καίτοι ἀπτέρους ἤδη οὔσας Saturnal. 23; desgl. ὑμενό-πτερος, ὑμενόπτερος sc. ἡ μυῖα τοσοῦτον ἁπλούστερα ἔχουσα τὰ πτερά. Musc. etc. 1.
δεκα-τάλαντος (τάλαντον) δεκαταλάντους δωρεάς Tim. 12.
ἐπι-χώριος (χωρίον) φωνῇ τῇ ἐπιχωρίῳ Herc. 1.

---

[1]) Auch diese Schrift hält Sbrlt. (Ausg. Schrift. p. XXI u. adnot. critica p. XXIX f.) für nicht echt. [2]) Vgl. Joost a. a. O. S. 5; daselbst bringt er, Anmerk. 6, Beweise für die Echtheit der beiden Schriften Imagines und Pro imaginibus bei, welche auch Sommerbrodt für echt hält. [3]) Vgl. Joost a. a. O. S. 6. [4]) Vgl. Brugmann in der Zeitschr. f. vergleich. Sprachforschung, herausg. v. A. Kuhn, XXIV. S. 42. [5]) Vgl. Delbrück a. a. O. S. 64 und meine oben erwähnte Abhandlung „Zur Motion u. s. w." S. 4 f. u. S. 7. [6]) Vgl. meine Abhandlung „Zur Motion u. s. w." S. 8.

εὐ-πρόσωπος (πρόσωπον) ἡ ἑτέρα μάλα δὲ εὐπρόσωπος Somn. 6, ferner Nomin. De domo 8; Rhet. praec. 6; De merc. cond. 42; Apol. 3. Akk. Tim. 17, εὐπρόσωπον οὕτω καὶ ἐπέραστον; Bis accus. 20, ὡς πρὸς εὐπρόσωπόν μοι τὴν ἀντίδικον ὁ λόγος ἔσται; dsgl. πολυ-πρόσωπος, πολλὴν οὖσαν καὶ πολυπρόσωπον sc. ἱστορίαν De salt. 46.

ἰο-βλέφαρος (βλέφαρον) ἕτερος δέ τις ἰοβλέφαρον τὴν Ἀφροδίτην εἶπε Pro imag. 26 und Imag. 8. συνεπιλήψεται δὲ τοῦ ἔργου αὐτῷ καὶ ὁ Θηβαῖος ποιητής, ὡς ἰοβλέφαρον ἐξεργάσασθαι. Das Wort hat Pindar zuerst gebraucht; vgl. fragm. 307. [1])

ἰσό-πεδος (πέδον) οὐκ ἰσοπέδοις αὐταῖς Nero 4 (Pseudolukianische Schrift); τὰς γὰρ θαλάσσας ἰσογαίους τε καὶ ἰσοπέδους οἶδα ibid. 5.

καλλί-σφυρος (σφυρόν) Nach Homer Od. 11, 603 hat Lukianos Dial. mort. 16, 1 „καὶ ἔχει καλλίσφυρον Ἥβην." [2])

μεγαλό-δωρος (δῶρον) ἡ Εὐχή, μεγαλόδωρος οὖσα Hermot. 71.

μιλτο-πάρῃος (παρῄον) μιλτοπαρῄους ἦγε τὰς ναῦς Charid. 25,[3]) wozu Il. II, 637 und Od. IX, 125 zu vergleichen ist.

μονό-ξυλος (ξύλον) πᾶσαι μονόξυλοι κινναμώμινοι Ver. Hist. 2, 11; ναῦν μονόξυλον ἀσφοδελίνην Ver. Hist. 2, 26.

περί-εργος (ἔργον) τὴν περίεργον γλῶτταν Ikarom. 21; [4]) φίλος μὲν περιέργων τραπεζῶν Nigr. 15; desgl. πάρ-εργος, οὐ πάρεργον τῆς ἐξετάσεως δεόμενον Hermot. 61. Hier dürfte auch δημιουργός, ursprünglich Substantivum aus δημιο-εργός, unterzubringen sein. Lukianos gebraucht es Amor. 13 ἡ δημιουργός ἴσχυσε τέχνη, als Adjektivum.

τρι-κάρηνος (κάρηνον) = τρικέφαλος kommt nur in dem unechten Philopatris [5]) vor, τρικάρηνον Ἑκάτην, 1.

ὑπέρ-μετρος (μέτρον) φορτικὰς καὶ ὑπερμέτρους ποιούμενος τὰς ὑπερβολάς, Pro imag. 1.

φιλό-καλος (καλόν) τῆς φιλοκάλου ταύτης ἀρετῆς, Amor. 35.

φιλό-σοφος (σοφόν) γνώμην ἄκρως φιλόσοφον, Demon. 1; ὑπὸ σεμνότητι φιλοσόφῳ Prom. es in verb. 7.

Von diesen eben angeführten Kompositis kommt in der älteren Sprache nur καλλίσφυρος vor; Zusammensetzungen mit dem zweiten Gliede der Wörter wie ἄ-ξυγος, ἄ-κακος, ἄπτερος, ἰοβλέφαρος (Hes. Theog. 16 hat ἑλικο-βλέφαρος), ἰσό-πεδος, μεγαλό-δωρος, μονό-ξυλος dagegen finden sich daselbst häufiger. Diese Komposita mit ursprünglich neutralem o-Stamme scheinen in der ganzen Gräcität nur zweigeschlechtig gebraucht worden zu sein, wenigstens bin ich nirgends auf eine Ausnahme bei diesen Adjektiven gestossen.

Nach Analogie der Komposita mit masculinem und neutralem o-Stamme, welche den Typus von adjektivischen Kompositis auf -ος, -ον ausgebildet hatten, wurden dann auch zusammengesetzte Adjektiva mit Substantiven der consonantischen Deklination aller drei

---

[1]) Vgl. Joost a. a. O. S. 6 und Brambs a. n. O. S. 48. [2]) Vgl. Joost a. a. O. S. 18, wo es aber Dial. mort. 16, 1, nicht 15, 1 heissen muss. [3]) Die Unechtheit des Dialogs Χαρίδημος, ἢ περὶ κάλλους hat nach Gesner, Sommerbrodt, Dindorf und Bekker neuerdings E. Ziegeler nachzuweisen gesucht im Progr. des Gymn. v. Hameln 1879; vergl. auch Joost a. a. O. S. 4. [4]) Der Ikaromenippus weist nach Kock, Rhein. Mus. Bd. 43, S. 54 ff. auf die Komödie zurück. [5]) Vgl. oben S. 5.

Genera im Schlussgliede gebildet. Auch diese waren bereits in der ältesten uns bekannten Gräcität vollständig adjektiviert worden, da sie im Anschluss an Substantiva aller drei Geschlechter gebraucht wurden. Bei Lukianos finden wir eine grosse Anzahl dieser Komposita. Es sind folgende:

ἄ-κυρος (τὸ κῦρος Gewalt) ohne Rechtskraft, προθεσμία ἄκυρος Abdic. 11; ἔταξαν ἐκείνας τὰς ἡμέρας,... ἀπράκτους καὶ ἀκύρους... εἶναι Pseudol. 13.

ἀ-μάρτυρος (μάρτυς, bei Homer μάρτυρος, im Sg. nur Od. 16. 423; vgl. auch Curt. Grdz.[5] S. 330,) ἀμάρτυρος ἡ κτῆσις Saturn. 29; ἀμάρτυρος μὲν ἡ εὐδαιμονία Saturn. 33 und dasselbe im Akk. Nigrin. 23.

ἀν-ώνυμος (ὄνομα, aeol. ὄνυμα, Curt. Grdz.[5] S. 320) ἀνώνυμος ἡμῖν ἡ καλὴ πόλις ἐκείνη De Hist. conscr. 31; desgl. δυσ-ώνυμος, Δεινὴ μὲν... καὶ δυσώνυμος Ποδάγρα κέκλημαι Okyp. 1; τίς τὴν δυσώνυμόν σε u. s. w. Tragodop. 7: ferner ἐπ-ώνυμος, τὴν ἐπώνυμον τῆς νεὼς θεόν Navig. 5; πόλεις ἐπωνύμους Navig. 38; πόλιν ἐπώνυμον De Syr. dea 18 (pseudolukianische Schrift); ὁμ-ώνυμος, γυνή τις ὁμώνυμος αὐτῇ, Musc. enc. 11; ὁμώνυμος γάρ ἐστι τῇ τοῦ Ἀβραδάτα ἐκείνῃ τῇ καλῇ Imag. 10; Akk. ib. 19 (vgl. Il. 17, 720) und πολυ-ώνυμος, τὴν πολυώνυμον ᾠδήν, Philopatr. 27.

ἄπειρος (πέρας) καὶ ἀπείρους τὰς ἐφ' ἑαυτὸν παρέχεται ἀγούσας ὁδούς Tox. 38; ἐπειδὴ ὁρῶ καὶ ἄπειρον οὖσαν De paras. 28; das Masc. Jupp. trag. 41, ὁρᾷς τὸν ὑφοῦ τόνδ' ἄπειρον αἰθέρα u. s. w.; diese Stelle ist aus einer unbekannten Tragödie des Euripides entlehnt und Cicero hat De natur. deor. II § 65 u. Epist. XIII, 15, 2 diese Verse übertragen.[1])

ἄ-προικος (προίξ) εἴ τις ἄπροικον ἔγημεν αἰσχρὰν γυναῖκα Toxar. 35.

ἄ-πυρος (πῦρ) ἄπυρος ἡ δάς Deor. Dial. 19, 1; desgl. διά-πυρος, ὁρμῆς διαπύρου Demosth. enc. 18.

αὐτ-ανδρος (ἀνήρ) ἁμάξας, αὐτάνδρους τὰς πλείστας ἁλισκομένας Toxar. 39; πόλεις αὐτάνδρους Bacch. 3; ebenso εὔ-ανδρος, πόλιν εὔανδρον, Amor. 49; μυρί-ανδρος, μυριάνδρῳ πόλει Ver. Hist. 1, 31; φίλ-ανδρος, σὺ δὲ εἰ πιστὴ καὶ φίλανδρος Dial. meretr. 7, 3.[2])

ἔμ-μηνος (μήν) τὰς δὲ ἐμμήνους ἑορτὰς διατελοῦσι, in der höchst wahrscheinlich unechten Schrift de Parasito 15.

Zu diesem Adjektivum bemerkt Bieler „Über die Echtheit des Lucianischen Dialogs de Parasito,[3]) S. 13: ἔμμηνος sucht man bei Lucian vergebens, der dafür κατὰ μῆνα, κατὰ μῆνα ἕκαστον hat. Bieler hält namentlich aus sprachlichen Gründen, und wie mir scheint, mit vollem Recht, diesen Dialog für nicht lukianisch.[4])

ἐπί-σημος (σῆμα) ἡ μίμησις De salt. 64; ἐπίσημοι ἐν αὐτῷ αἱ φλέβες Dial. meretr. 1, 2; τὰς πόλεις δὲ τὰς ἐπισήμους Char. 23; dsgl. ἄ-σημος, ἄσημόν τινα φωνήν Philops. 33; φωνάς τινας ἀσήμους Alex. 13.

---

[1]) Vgl. hierüber Schulze, Lukianos als Quelle für die Kenntnis der Tragödie, a. a. O. S. 126. [2]) Der Stoff der Hetärengespräche ist nach Kork a. a. O. S. 57 f. meist den Komödien aus der Zeit des Menander entnommen. [3]) Progr. Hildesheim 1890. [4]) Vgl. auch Joost a. a. O. S. 21 u. 22, der ebenfalls Verschiedenes gefunden hat, was ihm Anstoss erregte; doch genügte ihm dies noch nicht, um zu entscheiden, dass diese Schrift Lukianos nicht zum Verfasser habe, bis noch andere bestimmtere Gründe gefunden seien. Dieses scheint Bieler nunmehr gelungen zu sein.

εὔ-γραμμος (γράμμα) πυραμίδα εὔγραμμον τὰς γωνίας Navig. 40.
εὔ-υδρος (ὕδωρ) ἡ ἠτέρα δὲ πλατεῖα καὶ ἀνθηρὰ καὶ εὔυδρος Rhet. praec. 7; ἡ μὲν, sc. ὁδὸς, εὔυδρος καὶ ἡδεῖα Hermot. 25; τὴν χώραν, εὐθαλῆ τε καὶ πίονα καὶ εὔυδρον καὶ πολλῶν ἀγαθῶν μεστήν Ver. Hist. I, 28.
πάν-νυχος (νύξ) ἐπὶ παννύχους ὑμνῳδίας Philop. 26.
πρό-χειρος (χεῖρ) μικρὰ ἡ εὐχὴ καὶ πρόχειρος Jupp. conf. 1; ἡ ἐλευθερία δὲ πρόχειρος Fugitiv. 14; ἡ πρόχειρος αὐτῆς μνήμη De salt. 37; πρόχειρον τὴν μνήμην De salt. 36; πρόχειρον ἔχουσα τὴν χορηγίαν Somn. 2; ἐραστὴν γυναῖκα καὶ πρόχειρον Philops. 15, vgl. Asin. 25; Abd. 15; Apol. 2; πρόχειροι αἱ βλασφημίαι Saturnal. 37; βλασφημίας προχείρους Abd. 3.
ὕφ-αλος (ἅλς) ὕφαλος ἀποθημία De salt. 48; τὴν νῆσον, τὴν πλανωμένην, ... ὕφαλον Dial. marin. 10, 1; πρὸς πέτραν τινὰ ὕφαλον De merc. cond. 2.

Von diesen Kompositis kommen bei Homer ἄ-πυρος und δυς-ώνυμος vor. Das Schlussglied der Adjektiva komposita εὔ-υδρος, πάν-νυχος, ὕφ-αλος und der übrigen, mit ὄνυμα zusammengesetzten Wörter, sowie von διά-πυρος findet sich ebenfalls schon in homerischen Beiwörtern.

### B. Zusammengesetzte Adjektiva, deren Schlussglied ursprünglich ein Substantivum weiblichen Geschlechts nach der ā-Deklination war.

Im Charon c. 23 lesen wir die Worte: Παπαῖ τῶν ἐπαίνων, Ὅμηρε, καὶ τῶν ὀνομάτων, Ἴλιος ἱρὴ καὶ εὐρυάγυια καὶ εὐκτίμενα Κλεωναί, eine Stelle, deren letzte Worte offenbar eine Anspielung auf Il. II, 570 enthalten.[1]) Wir finden hier das homerische Beiwort εὐρυάγυια.[2]) Hier kann man meiner Meinung nach nicht ein adjektivisches Kompositum εὐρυάγυιος zu Grunde legen, wie Pape, Griech. Lexicon, 2. Aufl. 1849, es gethan hat. Vielmehr hat von vornherein nur ein Kompositum εὐρυάγυια gleich wie ἀργυρό-πεζα existiert. Es sind das dieselben Bahuvrīhizusammensetzungen wie unser Gold-kind, Gold-onkel. Derartige Komposita waren und blieben Substantiva, die sich attributiv oder vielmehr appositionell an ein anderes anlehnten.[3]) Gleichwie Komposita mit masculinem o-Stamme im zweiten Gliede z. B. ῥοδο-δάκτυλος, μεγά-θυμος, βαρύ-θυμος wegen ihres substantivischen Ursprungs kein Femininum zu bilden vermochten,[4]) so wurde zu dem substantivischen Kompositum εὐρυάγυια keine Masculinform auf -ος gebildet. Wir haben es also hier nicht etwa mit einer Ausnahme von der Regel, dass zusammengesetzte Adjektiva auf -ος zweigeschlechtig sind, zu thun. Denn eine eigentliche Motion, wie sonst bei Adjektiven, fand bei diesen Wörtern gar nicht statt. Genau ebenso sind die zahlreichen Komposita-Feminina aufzufassen, welche Lukianos z. B. in der Tragōdopodagra v. 190—203 ebenso kühn wie glücklich neu gebildet hat, wie er ja nicht nur den ganzen reichen Wortschatz der griechischen Sprache vor seiner Zeit in musterhafter Weise zu verwerten

---

[1]) Vgl. Joost a. a. O S. 9. [2]) Über die Etymologie von εὐρύ-ς ist zu vergleichen Curt. Grdz. 5, S. 346 und über derjenige von ἀγυιά, derselbe S. 170. [3]) Vgl. Brugmann, K. Z. XXIV, S. 36 f. [4]) Vgl. meine oben erwähnte Abhandlung S. 4 und 11.

wusste, sondern selbst in der Bildung neuer Wörter so glücklich war, dass er, wie Sommerbrodt sagt, wohl Aristophanes, wenn auch nicht als ebenbürtiger Meister, doch als würdiger Schüler an die Seite gestellt werden darf.[1]) Dabei ist noch darauf hinzuweisen, dass Lukianos in dieser Beziehung durchaus die allgemein griechischen Formationsgrundsätze verfolgte.[2]) Die hierher gehörigen Worte sind: κωλυσι-δρόμα, βασαν-αστραγάλα, σφυρο-πρησι-πύρα, μογισ-αψ-εδάφα, δοιδυκο-φόβα, γονυ-καυσ-αγφ-ύπνα, περι-κονδυλο-πωρο-φίλα, γονυ-καμψ-επί-κυρτε Ποδάγρα.

Die übrigen in diese Kategorie gehörigen Komposita wurden zusammengesetzte, zweigeschlechtige Adjektiva auf -ος, -ον, indem bei diesen Wörtern dem Sprachgefühl zunächst die ursprünglich substantivische Bedeutung des zweiten Gliedes verloren ging und dann die beiden Bestandteile des Kompositums viel enger mit einander zusammenschmolzen, so dass das ganze Wort einfach adjektiviert wurde. Von diesen sind folgende anzuführen:

Ἄ-δικος, (δίκη) ἄδικος ἡ ἡμέρα Lexiph. 9; ἄδικον γεγενῆσθαι τὴν κρίσιν Abd. 11; dasselbe Bis acc. 4; τὴν νομὴν . . οὕτως ἄδικον Prom. 3.

ἄ-δοξος (δόξα) μηδὲ ἄδοξον γενέσθαι τὴν ἐπιχείρησιν Tyrannic. 9; ἀντί-δοξος, φοράς ἀντιδόξου De paras. 29; ἔν-δοξος, ταῖς ἐνδόξοις πόλεσιν De morte Peregr. 41; Masc. Longaev. 22; De morte Peregr. 22; ἐπί-δοξος, ἐπιδόξου κληθήσεσθαι τῆς πάλης οὔσης Dem. enc. 3; παρά-δοξος, τῆς παραδόξου ταύτης κατηγορίας ἀκούων Eunuch. 6; τῆς παραδόξου θέας Asin. 5; Ikarom. 19; Deor. Dial. 20, 7; πρὸς τῆς παραδόξου ταύτης διαβολῆς Calum 3;[3]) vgl. Necyom. 1; τῇ παραδόξῳ ῥοπῇ τῆς τύχης Dem. enc. 38; κρᾶσίν τινα παράδοξον Bis acc. 33; τὰς παραδόξους ταύτας καὶ φοβερὰς διηγήσεις Philops. 37.

αἱμό-διψος (δίψα) τομὴν αἱμόδιψον Ocyp. 97.

ἄ-μαχος (μάχη) ἡ τυραννίς Tyrannic. 6; ἰσχὺν ἄμαχον Anach. 12; desgl. ἀ-πρός-μαχος, ὄψιν ἀπρόσμαχον De domo 22;[4]) ἀπρόσμαχος σοφία Fugitiv 10; letzteres Wort dürfte wohl eher unmittelbar mit dem Verbum μάχ-ο-μαι zusammen zu bringen sein.

ἀ-μήχανος (μηχανή) ἡ ἡλικία ἀμήχανος Halc. 6; dsgl. εὐ-μήχανος (erst von Aeschylus ab in Gebrauch) ἀντὶ τῆς καλῆς καὶ εὐμηχάνου πλαστικῆς Prom. 2.

ἄ-μοιρος (μοῖρα) ἄμοιρος ἡ ἀτελὴς τέχνη Abd. 23; Masc. Akk. pl. Calum. 8; μεμψί-μοιρος, ὡς ἐκείνη μεμψίμοιρος οὖσα Jupp. trag. 40.

ἄ-μορφος (μορφή) οὐκ ἄμορφον τὴν Ἀρέθουσαν Dial. mar. 3, 2; καὶ τὴν ἄμορφον ἐκείνην καὶ ἐργατικὴν Somn. 14; ἄμορφον οὖσαν Pro imag. 22; vgl. Navig. 37; dsgl. δύσ-μορφος, τῷ πατρὶ τῆς δυσμόρφου ταύτης φίλος ἦν Tox. 24; εὔ-μορφος εὐμόρφου τῆς ἀναβολῆς Rhet. praec. 16; γυναῖκας εὐμόρφους Catapl. 14; Gen. ib. 26; Neutr. Pro imag. 3, und πολύ-μορφος, ποικίλην μέντοι καὶ πολύμορφον Imag. 16.

---

[1]) Einleit. der ausgew. Schrift. d. Lucian p. XXVIII. [2]) Vgl. W. Schmid, Der Atticismus u. s. w. S. 402. Ausserdem bemerkt derselbe S. 431 Anm. 22, dass Lukianos derjenige griechische Prosaiker ist, der wahrscheinlich den grössten Wortvorrat hat. Schmid zählt bei Lukianos 10400 Wörter, während Platon etwa 9900 und Polybius 7700 hat. [3]) Die Schrift „Περὶ τοῦ μὴ ῥᾳδίως πιστεύειν διαβολῇ" scheidet Sommerbrodt von den Lukianischen Schriften als unecht aus, Ausg. Schrift. d. L. p. XXI. [4]) Die Schrift „Περὶ οἴκου" spricht Sommerbrodt dem Lukianos „propter diffusam verbositatem" ab; vgl. dazu auch Joost a. a. O. S. 10, Anm. 17.

ἄ-μουσος, (μοῦσα) ἀλλά τινα καὶ θεωρίαν οὐκ ἄμουσον Ver. Hist. 1, 1; τὴν ἄμουσον ἐκείνην .. ᾠδήν Phal. pr. 13; καὶ ἀντίδοσιν οὐκ ἄμουσον De domo 3.
ἄν-αυδος (αὐδή) στήλην ἄναυδον Philopatr. 27; ἀν-επίγραφος (ἐπι-γραφή) ἀνεπίγραφον εἶναι τὴν ἀπολομένην φιάλην Hermot. 39.
ἀντί-πρῳρος (πρῷρα) πολλαὶ μὲν οὖν ἀντίπρῳροι Ver. Hist. 1, 41.
ἄ-τεχνος (τέχνη) ἰδιῶτις κἀκείνη καὶ ἄτεχνος Imag. 13; τὴν ἄτεχνόν σου ταύτην καὶ περιττὴν τρυφήν Adv. ind. 10; ebenso ὁμό-τεχνος, πλουτοῦσα δὲ καὶ αὐτὴ καὶ ὁμότεχνος οὖσα τῇ Μεγίλλῃ Dial. meretr. 5, 2.
ἄ-φωνος (φωνή) πλὴν ἑκάστη γε τούτων τῶν τεχνῶν καὶ ἐπιστημῶν ἄφωνος οὖσα Amor. 34; davon Kompar. masc. ἀφωνότερος ἔσομαι Gall. 1; dsgl. σύμ-φωνος, σύμφωνον αὐτήν, De paras. 28; αὐτό-φωνος, Δωδώνη αὐτόφωνος Gall. 2; ἑπτά-φωνος, ἐν τῇ ἑπταφώνῳ στοᾷ De morte Peregr. 40.
ἀ-χρεῖος (χρεία) οὔτε ἀχρεῖον αὐτῷ τὴν κατηγορίαν ταύτην, Eunuch 11; dieses Wort wird von Euripides (Suppl. 302) und Theophrast auch dreigeschlechtig gebraucht.
ἄ-ωρος (ὥρα) τοῦ Θησέως ἄωρον ἔτι (sc. Ἑλένην) ἁρπάσαντος Deor. dial. 20, 14; auch ἔξωρος, ἤδη .. ἡ προθεσμία Abdic. 11; γραῦς μὲν ἤδη καὶ ἔξωρος οὖσα De sacrif. 7;[1]) γυναῖκα ἔξωρον Alex. 6.
δί-θυρος (θύρα) δέλτους ἐλεφαντίνους καὶ διθύρους προβεβλημένοι αὐτάς, in der pseudolukianischen Schrift Nero c. 9.
δύς-φημος (φήμη) ἡμέρᾳ δυσφήμῳ καὶ ἀπαισίῳ Pseudol. 16; δυσφήμους ἀράς Okyp. 20; ebenso εὔ-φημος, εὔφημος καὶ αὕτη; Pro laps. in salut. 18; so liest Sommerbrodt (Op. v. I p. II pag. LXXXV), während Jacobitz εὔφημος καὶ αὐτή hat; εὔφημον εὐχήν Pro laps. in salut. 1; ebendas. 12 εὐφήμῳ τῇ ἀρχῇ ἐχρήσατο u. d. Neutr. ebend. 1.
ἔμ-πειρος (πεῖρα) σὺ γάρ .. ἔμπειρος εἶ (sc. Ἀφροδίτῃ) Deor. Dial. 20, 5.
ἐν-αρμόνιος (ἁρμονία) ἡ μῖξις ἐναρμόνιος Prom. es in v. 5.
ἔν-αυλος (αὐλή) καὶ ἡ φωνή .. ἔναυλος Somn. 5; τὴν μνήμην ἔναυλον ἔχω Amor. 5;[2]) ἔναυλον εἶναι τὴν βοήν Imag. 13.
ἐπ-αφρόδιτος (Ἀφροδίτη) τῆς γὰρ ἐπαφροδίτου ταύτης ὁρμῆς Asin. 33.
ἐφ-ήμερος (ἡμέρα) ὁ τῆς ἐφημέρου ταύτης ὕβρεως ἑταῖρος Amor. 37; τὴν ἐφήμερον τροφήν Cynic. 2; dsgl. ὑπερ-ήμερος, τὰς κρίσεις ὑπερημέρους Bis. acc. 3.

---

[1]) Hinsichtlich der Schrift „Περὶ Θυσιῶν" ist Joost sicher überzeugt, dass sie nicht lukianisch ist. Die Beweise, welche er a. a. O. S. 25 u. E. ff. beibringt, scheinen mir sehr triftige zu sein und eine weitere Stütze für die Ansicht Bekkers und Sommerbrodts, welche gegenüber Jacobitz die Schrift für unecht halten. Joost sagt S. 27 a. E.: Quam paucae res ex Homero in libellum περὶ Θυσιῶν translatae essent novae, quam multae perverse quamque innumerae ex Luciani operibus plane insitae sint, ita ut libellum ex centonibus Lucianeis paene consutum esse iure ac merito possimus dicere, cum viderimus, eum a Luciano non abiudicare non poterimus. Erat enim Lucianus Homeri amator magisque erat in carminibus eius versatus, quam ut eum aut depravaret, aut falsa ex eo referret. Denique Lucianus non fuit tanta ingenii exilitate, ut sua ipsius verba transcriberet. Vgl. auch vor allem Sbrdt. Luc. Op. v. I p. II pag. LXI u. LXIII. [2]) Joost a. a. O. S. 14, Anm. 21 nimmt an einigen Ausdrücken dieser Schrift Anstoss.

ἠΰ-κομος (κόμη) Νιόβη, De luctu 24, nach Il. 24, 602 καὶ γάρ τ' ἠϋκομος Νιόβη ἐμνήσατο σίτου; ferner Θερσίτῃ δ' ἴσος Θέτιδος παῖς ἠϋκόμοιο Charon 22 a. E.; diese Stelle erinnert an Il. 9, 319; Il. 11, 212; Od. 10, 536; 11, 539, 572 und 24, 13.[1]

ἰσό-γαιος (γαῖα) τὰς γὰρ θαλάσσας ἰσογαίους τε καὶ ἰσοπέδους οἶδα Nero 5.

λευκ-ώλενος (ὠλένη) λευκώλενος ἡ Ἥρα nach Homer bei Lukianos Charidemus 11: doch ist die Schrift unecht;[2] ferner λευκώλενον Ἥραν Tragödop. 93 u. 94; λευκωλένου Ἁρμονίας Demosth. enc. 19 (nach Pindar fragm. 29);[3] Imag. 8: καὶ φιλομειδὴ δὲ Ὅμηρος ποιήσει καὶ λευκώλενον καὶ ῥοδοδάκτυλον (Siehe oben unter ῥοδοδάκτυλος).

μικρό-ψυχος (ψυχή) Οὕτως ἀγεννής, ὦ Τιμί, καὶ μικρόψυχος εἶ; Dial. meretr. 13, 4.

νεό-νυμφος (νύμφη) τὴν νεόνυμφον κόρην Asin. 34.

ὁμο-δίαιτος (δίαιτα) μόνη τὰ πάντα συνοῦσα καὶ ὁμοδίαιτος τῇ νόσῳ Abd. 5; σύντροφος δὲ ἀνθρώποις ὑπάρχουσα καὶ ὁμοδίαιτος Musc. enc. 4; Neutr. Hist. conser. 16; Masc.: Demon. 5; Gall. 2.

ὁμο-τράπεζος (τράπεζα) μυῖα Musc. enc. 4.

παλίν-σκιος (σκιά, Curt. Grdz.[5] S. 168) ὑπὸ ταῖς ἄγαν παλινσκίοις ὕλαις Amor. 12; Neutr. Amor. 18.

περι-πόρφυρος (πορφύρα) ἐφεστρίδα περιπόρφυρον Dial. meretr. 9, 1.

πολυ-ά-σχολος (σχολή), das Wort ist verstärkt aus ἄσχολος, τὴν πολυάσχολον μαθηματικήν Philopatr. 25.

πρό-κωπος (κώπη) πρόκωπον ἔχων τὴν ἄρπην Dial. marin. 14, 3.

συν-ῳδός (ᾠδή) συνῳδὸν εἶναι τὴν κιθάραν Imag. 14; ἀπέφαινε δὲ φιλοσοφίᾳ συνῳδὸν τὴν παρὰ τοῖς τοιούτοις διατριβήν Nigr. 14; τὰς Μούσας συνῳδούς De sacrif. 5.

τετρά-κλινος (κλίνη) καὶ ἁμάξας τετρακλίνους ὀγδοήκοντα Tox. 46.

τρι-σύλλαβος (συλλαβή) ἐπῳδή Philops. 35.

ὑπέρ-βιος (βία) ὑπέρβιον ἀσπίδα Μήδων Epigr. 33.

φυσί-ζοος (ζωή, ζοή) Γραμματικὴ φυσίζοε Epigr. 22. Bei Homer ist φυσίζοος immer Beiwort von αἶα Il. 3, 243; 21, 63; Od. 11, 301.

χρυσ-αλάκατος (ἠλακάτη) gleich dem homerischen χρυσηλάκατος, χρυσαλάκατον Μελίαν Demosth. enc. 19, nach Pindar fragm. 29.[4]

Von diesen vorstehenden Kompositis kommen bei Homer vor: ἀ-μήχανος, εὔ-μορφος, ἠΰ-κομος, λευκ-ώλενος, ὑπέρ-βιος, φυσί-ζοος, χρυς-ηλάκατος; ferner das Schlussglied der Zusammensetzung der Wörter εὐ-μήχανος, der übrigen mit μορφή zusammengesetzten Komposita, von ἄ-τεχνος, ὁμό-τεχνος, ἄ-φωνος und παλίν-σκιος.

Hieran schliessen sich ferner solche adjektivische Komposita an, deren zweites Glied auf die dem Verbum und Substantivum gemeiname Wurzel zurückzuführen ist: Ἄ-βροχος (βρέ-χ-ω) μία μοι ἴσως ἐκείνη ἄγκυρα ἔτι ἄβροχος Apol. 10.

ἄ-γραφος (γράφ-ω) = ἄγραπτος, ἀγράφους εἰκόνας Amor. 44; dieses Wort wird besonders von Platon und Thucydides gebraucht. (Thuc. 1, 40, 2; 2, 43, 3); dsgl. ἔγ-γραφος,

---

[1]) Vgl. Joost a. a. O. S. 8 und Sommerbrodt, Ausg. Schriften des Lucian zu der Stelle. [2]) Vgl. darüber Joost a. a. O. S. 4 und oben S. 8, Anm. 3. [3]) Vgl. Brambs a. a. O. S. 48. [4]) Vgl. Brambs a. a. O. S. 48.

τὴν ἀναλγησίαν ἔγγραφον Nigr. 30; εὐ-περί-γραφος, ὡς δ' εὐπερίγραφοι τῶν γλουτῶν αἱ σάρκες ἐπικυροῦνται Amor. 14; κατά-γραφος, κεφαλὴ ὀθονίνη Alex. 12; ἡ κατάγραφος Bis acc. 19. ἀγρ-οῖκος (οἰκέω, οἶκος) Ἰδαία γυνή, ἱκανὴ μέν, ἀγροῖκος δὲ καὶ δεινὸς ὄφεως Deor. Dial. 20, 3; vgl. ib. 20, 13. Über die Betonung ist Kühner, Gramm. S. 526 zu vergleichen. ἁλί-πορος (περ, πείρ-ω, πόρο-ς) αὐλὼν ἁλιπόρου διασφάγος Tragödop. 24. ἀλλό-κοτος (nach E. Magnum für ἀλλό-τοκος zu W. τεκ, τίκτω, τόκο-ς), φωνὰς ἀλλοκότους καὶ μεταίας De luctu 13; τὰς ἀλλοκότους ταύτας φαντασίας Philopatr. 26; ἀλλόκοτον, σκευήν Hist. conscr. 10; ἀλλόκοτον τὴν ξυνθήκην Prom. es in verb. 5; καὶ κωμῳδοῦσιν ἀλλοκότους τινὰς περὶ αὐτοῦ κωμῳδίας Pisc. 25.[1]) ἀμφί-βολος (βάλλω) ἀμφίβολος αὕτη ἀπάτη Philop. 16; ἀμφίβολον Ἀφροδίτην Amor. 25; ἔκ-βολος, ἀλλ' ἔκβολον βρωτῶν σε (sc. θεάν) θήσουσιν βίου Tragödop. 215; ἐκη-βόλος, ἀνῆκε Λητοῦς παῖς ἐκηβόλος θεά, Conv. 25; καὶ ἡ ἐκηβόλος καὶ τηλέμαχος ἡ Ἄρτεμις Lexiph. 12. Diese Stelle stammt aus dem verloren gegangenen Stück Meleagros von Sophocles, fragm. 1, 1;[2]) παρά-βολος, παράβολον κρᾶσιν ψυχῆς Alex. 4.
ἀντί-τυπος (τύπτ-ω) τὴν ἀντίτυπον οὕτω καὶ καρτερὰν τοῦ λίθου φύσιν Amor. 13; ἀντίτυπον φθογγήν Epigr. 29; dsgl. ζηλό-τυπος, οἶσθα δὲ ὡς ζηλότυπός ἐστι sc. ἡ Ἥρα Deor. Dial. 9, 2.
ἀπό-ξυρος (ξύρ-ω) das Wort kommt nur bei Lukianos vor, πᾶσα κρημνώδης καὶ ἀπόξυρος Ver. Hist. 2, 30; ὁποῖον ἡ Ἄορνος ἐφάνη τοῖς Μακεδόσιν ἀπόξυρον αὐτὴν ἁπανταχόθεν ἰδοῦσιν, Rhet. praec. 7; ἀπόξυροι δέ εἰσι πέτραι καὶ ὀξεῖαι Navig. 8.
ἀπό-στροφος (στρέφ-ω, στροφό-ς, στροφ-ή) ἔκ τινος δὲ ἀποστρόφον καὶ λεληθυίας ἐξόδου De merced. cond. 42.
βάν-αυσος (βαῦνος u. αὔω?) ταῖς βαναύσοις τέχναις De paras. 26.
βαρύ-βρομος (βρέμω, βρόμο-ς) ἡ βαρύβρομος βροντή Tim. 1. Diese Stelle ist wohl eine Nachahmung von Eurip. Phoen. 182: ἰὼ Νέμεσι καὶ Διὸς βαρύβρομοι βρονταί.[3])
διά-φορος (φέρ-ω, φόρος) ἡ γνώμη διάφορος Ikarom. 7; ἐς διαφόρους χώρας Abd. 27; Neutr. pl. ibid. φιλοσοφίας δὲ πολλὰς καὶ διαφόρους, De paras. 27; ἀλλὰ πολλαὶ καὶ διάφοροι καὶ οὐδὲν ἀλλήλαις ὅμοιαι Hermot. 25; mit -φορος finden sich bei Lukianos noch eine grosse Anzahl von Zusammensetzungen: ἄ-φορος, γῆ De Dips. 1: ἀ-διά-φορος, ἀδιάφορον τὴν κτῆσιν Menipp. 4; ἀρωματο-φόρος, τῆς ἀρωματοφόρου βασιλεύσας Longaev. 17; δαδεκά-φορος, αἱ μὲν γὰρ ἔμπελοι δωδεκάφοροί εἰσι Ver. Hist. 2, 13; τρισκαιδεκά-φορος, ὀπώραν Ver. Hist. 2, 13; εὔ-φορος, σφενδόνη De domo 7; θεσμο-φόρος, τῆς δὲ Θεσμοφόρου Dial. meretr. 7, 4; λεωφόρος, ἐπὶ τὴν λεωφόρον sc. ὁδόν, Philopatr. 19; Gen. Dial. mort. 7, 2; νικη-φόρος, νικηφόρον sc. Ἀφροδίτην Deor. Dial. 20, 16; ὀμβρο-φόρος, ὀμβροφόροι κορῶναι Jupp. trag. 31; πάμ-φορος, οὐκ ὀλίγης χώρας, παμφόρου τινός Gall. 24; παρά-φορος, τὴν μὲν παράφορόν τε καὶ ἀγρίαν Demosth. enc. 13 und ὑδρο-φόρος, θεράπαινά τις ὑδροφόρος Dial. marin. 6, 1; ἀμπέλους δὲ πολλὰς ἔχουσιν ὑδροφόρους Ver. Hist. 1, 24.

[1]) Über diese bekannte Stelle, wo Lukianos von Aristophanes und Eupolis spricht, vgl. Ziegeler, De Luciano poet. iud. et imit. S. 15. [2]) Vgl. Brambs a. a. O. S. 51; Schulze, Lukianos als Quelle für die Kenntnis der Tragödie, a. a. O. S. 123. [3]) Vgl. Sbrdt. Ausgew. Schriften, zu dieser Stelle; Brambs, a. a. O. S. 49 und Schulze, Lukianos als Quelle für die Kenntnis der Tragödie, a. a. O. S. 127.

διχό-τομος, (τέμν-ω, τόμο-ς) τίς είμι καὶ πηλίκη ἢ καὶ δι' ἥντινα αἰτίαν, διχότομος (σελήνη) Ikarom. 20; ἐπί-τομος ἐπίτομος αὕτη σοι πρὸς δόξαν ἡ ὁδός Vitar. auct. 11; vgl. Harmonid. 2; Hermot. 56; ἐπίτομον ῥητορείαν Jupp. trag. 14; vgl. ib. 25; ἐπίτομόν τινα ὁδόν Dial. mort. 7, 1; vgl. ib. 7, 2; Herod. 3; **σύν-τομος**, ὁδόν, Hermot. 69.

ἐπ-ήκοος (ἀκούω) **τὴν ἐπήκοον .. πλατάνιστον . . . . πεφυκυῖαν** Amor. 31.

ἐπί-τροχος (τρέχ-ω, τρόχο-ς) ἐπιτρόχῳ τῇ γλώττῃ Dial. meretr. 4, 5.

ἐρι-σμάραγος (σμαραγέω) ἡ ἐρισμάραγος ἀστραπή Tim. 1, welche Stelle an Hesiod Theogn. 815 αὐτὰρ ἐρισμαράγοιο Διὸς κλειτοὶ ἐπίκουροι erinnert;[1]) dsgl. μεγαλο-σμάραγος, μεγαλοσμαράγου στεροπᾶς Jupp. trag. 1.

ζεί-δωρος (δωρέ-ο-μαι, Curt. Grdz.[5] S. 625 u. 237) καὶ πάνθ' ἁπλῶς ὁπόσα τρέφει ζείδωρος ἄρουρα Ikarom. 12, eine jener Wortverbindungen, welche wir häufig bei Lukianos aus Homer übertragen finden.[2])

κακ-ο-ῦργος, (κακο-έργ-ω) **οὐδεὶς κακούργοις λοιδορεῖ** βλασφημίαις Okyp. 19; über die Betonung des Wortes vgl. Kühner, Gramm. S. 526.

κουρο-τρόφος (τρέφ-ω, **τροφός**) τῆς κουροτρόφου Dial. meretr. 5, 1; τὴν κουροτρόφον ἐπαινοῦσι, Patr. encom. 10;[3]) dsgl. ἱππο-τρόφος, **τὴν δὲ ἱπποτρόφον ὑπερορῶντες**, Patr. encom. 10, letzteres Wort findet sich zuerst bei Hesiod O. 507: Θρήκης ἱπποτρόφου; ferner σύν-τροφος, **ὄρνις** Lexiph. 6; σύντροφος δὲ ἀνθρώποις ὑπάρχουσα sc. μυῖα Musc. enc. 4; τὴν ἐκ παίδων **φίλην καὶ σύντροφον** ἐλευθερίαν, Apol. 1.

λιθο-ποιός (ποιέ-ω) τίς ἡ λιθοποιὸς αὕτη Μέδουσα Imag. 1.

μεγαλ-ήγορος (ἀγοράω-μαι, ἀγορεύω) παρ' ὅσον μεγαλήγορος καὶ διηρμένη καὶ ἐκείνη Hist. conscr. 45; dsgl. συν-ήγορος, ἴθι δὴ γυναιξὶ συνήγορος ἡ θήλεια Amor. 19; Akk. Pisc. 16.

**μετ-έωρος** (ἀερ, ἀείρω) **μετέωρον**, sc. ναῦν, ἄνεμος . ἐξαρτημένην ἔφερε Ver. Hist. 1, 9.

μετρο-κτόνος (κτεν, κτείν-ω) ἡ μητροκτόνος Ἐρινύς Amor. 47.

πολύ-πλοκος (πλέκ-ω) ἐννοίας πολυπλόκους Gall. 25; dass. Dial. mort. 10, 8.

πρωτό-γονος (γεν, γίγνο-μαι, γόνο-ς) τῆς πρωτογόνου ὀρχήσεως De salt. 7.

πρωτο-σπόρος (σπερ, σπείρ-ω) ἡ πρωτοσπόρος ἀρχή Amor. 32.

σύν-τονος (τεν, τείνω, τόνος) τὴν μὲν οὖν γε σύντονον κίνησιν De salt. 71.

τηλέ-μαχος (μάχ-ο-μαι) **καὶ ἡ ἐκηβόλος καὶ τηλέμαχος ἡ Ἄρτεμις** Lexiph. 12, vgl. auch oben S. 11 die mit μάχη zusammengesetzten Adjektiva.

ὑπερ-ή-φανος (φαν, φαίν-ω) προσαγορεύσεις ὑπερηφάνους Nigr. 17.

χλοη-τόκος (τίκτ-ω, τεκ, **τέκος**) χλοητόκοισι ποίαις Tragödop. 45 f.

ὠμο-φάγος (φαγ-εῖν) **ὠμοφάγους** γάρ τινας αὐτάς εἶναι Bacch. 2.

---

[1]) Vgl. Sbrdt., Ausg. Schrift. d. Luc. zu dieser Stelle, Brambs a. a. O. S. 47 und Schulze, Lukianos als Quelle u. s. w. a. a. O. S. 127. [2]) Vgl Joost a. a. O. S. 10. [3]) Zu dieser Stelle ist zu vergleichen Hirschwälder, Beiträge zu einem Commentar der unter Lucians Namen überlieferten Schrift „Lob der Heimat", Progr. d. städt. Gymn. zu Breslau 1890, S. 12, welcher die homerische Stelle Od. 9, 27 heranzieht. Auch er ist, wie Bekker, Sommerbrodt, Bernhardy und andere (S. 14) der Ansicht, dass die Schrift unecht ist und setzt dieselbe in das vierte Jahrhundert n. Chr.

Ich möchte behaupten, dass es vielleicht doch nicht ganz überflüssig gewesen sei, sämtliche Adjektiva-Komposita mit ursprünglichem Substantivum im Schlussgliede sowie diejenigen, deren zweitem Gliede eine dem Verbum und Substantivum gemeinsame Wurzel zu Grunde liegt, einzeln aufzuführen und durch genaue Citate zu belegen. Denn gerade aus der Fülle dieser zusammengesetzten Adjektive nicht nur bei Lukianos, sondern auch sonst im Griechischen, lässt sich erkennen und vermuten, dass der Einfluss derselben sowohl auf die Simplicia als auch besonders auf die übrigen komponierten Adjektiva (Adjektiva Verbalia) in der ganzen älteren Gräcität ein nicht unbedeutender gewesen sein kann, so lange als nicht, wie später im Mittel- und Neugriechischen, eine gegenteilige Strömung sich geltend machte. Häufig stehen in einem Satze, wie zahlreiche Beispiele zeigen, zweigeschlechtige Adjektiva auf -ος neben dreigeschlechtigen. Z. B. πολλὴν οὖσαν καὶ πολυπρόσωπον sc. ἱστορίαν De salt. 46; Ἰδαία γυνή, ἱκανὴ μέν, ἀγροῖκος δὲ καὶ δεινῶς ὄρειος Deor. Dial. 20, 3; τὴν μιαρὰν καὶ ἀπευκτὴν καὶ ἀπαίσιον καὶ ἄπρακτον καὶ σοι ὁμοίαν ἡμέραν Pseudol. 12; ὕλαις ἅπασα καὶ ταύταις ἀνημέροις λάσιος Prom. 12 u. s. w. Darf man sich daher verwundern, wenn dann auch der Fall eintrat, dass solche Adjektive zweier Endungen diejenigen dreier Endungen nach sich zogen, und letztere nach Analogie jener communis generis gebraucht wurden? Z. B. De salt. 63: κινούμενον δὲ ἄλογον ἄλλως κίνησιν καὶ μάταιον, wo vielleicht ἄλογον den Schriftsteller veranlasst hat, μάταιον zu setzen, da er sonst dieses Adjektiv dreigeschlechtig braucht. Freilich findet sich in der allerdings unechten Schrift de lucta 13 auch neben einander φωνὰς ἀλλοκότους καὶ ματαίας ἀφίησι. Ferner lesen wir in der ebenfalls pseudolukianischen Schrift Nero c. 9 δέλτους, ἐλεφαντίνους καὶ διθύρους προβεβλημένοι αὐτάς, wo das Kompositum δίθυρος das Simplex ἐλεφάντινος beeinflusst und nach sich gezogen haben dürfte.

Besonders charakteristisch sind auch die zahlreichen Beispiele, wo in einem Satze zweigeschlechtige Simplicia neben solchen dreier Endungen vorkommen. Es möge genügen, wenigstens einige von diesen anzuführen. Musc. enc. 10 φησὶ δὲ ὁ μῦθος καὶ ἄνθρωπόν τινα Μυῖαν τὸ ἀρχαῖον γενέσθαι πάνυ καλήν, λάλον μέντοι γε καὶ στωμύλην καὶ ᾠδικήν; οὐ γάρ σε τραχεῖάν τινα οὐδὲ ὄρειον καὶ ἱδρῶτος μεστήν Rhet. praec. 3; πολλὴ γάρ τις καὶ λάσιος Ver. Hist. 1, 33; καὶ μόνη σοι αὕτη πιστὴ καὶ βέβαιος ἐλπίς .. Hermot. 68.

In allen diesen und ähnlichen Fällen hat man wohl den Grund für die Zweigeschlechtigkeit dieser Adjektiva auf -ος in dem Einfluss der Komposita zu suchen, zumal da, wo bei einfachen Adjektiven, wie λάλος, ἥσυχος, βάρβαρος und anderen, im Sprachgeist noch das Gefühl der ursprünglich substantivischen Bedeutung des Wortes vorhanden war. Wieder andere, wie die Adjektiva auf -ιμος, wurden vielleicht, da sie alle zwei- oder mehrsilbig sind, als Komposita gefühlt und gedacht und eben deshalb nach Analogie dieser moviert. Daher schliesslich auch bei einer Anzahl von Adjektiven das Schwanken zwischen zwei und drei Endungen. So gehören selbst zur Kategorie der zuletzt oben angeführten Komposita drei Adjektive, welche teils drei-, teils zweigeschlechtig sind, während sie der Regel nach nur communis generis sein sollten.

Ein besonderes Femininum bildet χαροπός (ὅποπα, ὀπ, Curt. Grdz.⁵ S. 463) φοβερὲ γάρ ἐστι καὶ χαροπὴ καὶ δεινῶς ἀνδρική Deor. Dial. 19, 1. Dieses Wort findet sich schon bei Homer, in den Hymnen und bei Hesiod und zwar als Beiwort von λέοντες Od. 11, 611; h. Merc. 569; h. Ven. 70; Hes. Theog. 321; Sc. 177 und von κύνες h. Merc. 194. Ob das Wort auch in der älteren Sprache dreigeschlechtig war, lässt sich darnach nicht entscheiden. Bei Lukianos lesen wir es auch nur noch Dial. mort. 1, 3, wo das Neutr. pl. steht. Das Wort kommt sonst mehrfach noch in der Litteratur vor. Das Femininum findet sich bei Plut. fac. orb. lun. 21 M. χρόα κυανοειδὴς καὶ χαροπή; bei Opp. Hal. 4, 312 χαροπὴ θάλασσα; dass. Anacr. 54, 11. Düntzer, Beiwört. S. 33, hält es nicht für ein Kompositum, was mir wenig wahrscheinlich ist; Curtius stellt den ersten Teil des Wortes χαρ- mit skr. W. ghar leuchten zusammen.

Ferner gebraucht Lukianos ἀρρεν-ωπός und σκυθρ-ωπός, bei welchen Wörtern das -ω eher auf eine direkte Ableitung vom Subst. ὤψ, ὠπός hinzudeuten scheint. Sollte die Bedeutung dieser Adjektiva ursprünglich, männlichen Blickes, zornigen Blickes gewesen sein, also ωπος als ursprünglicher Genetiv zu fassen sein? Die Stellen bei Lukianos sind folgende: καί τινα γυναῖκα ἐν χρῷ κεκαρμένην ... ἀρρενωπήν .. Fugitiv. 27; in der allgemein als unecht anerkannten Schrift De Scytha 11 ἀρρενωπήν τινα τὴν εὐμορφίαν. Einmal ist es als Commune gebraucht Dial. meretr. 5, 2 τοιαύτας γὰρ ἐν Λέσβῳ λέγουσι γυναῖκας, ἀρρενωπούς.

Σκυθρωπός hat Lukianos nur Tragodop. 281 δεῦρ᾽, ὦ σκυθρωπαί; σκυθρωπός findet sich sonst mehrfach z. B. Eur. Or. 1319 σκυθρωποὺς ὀμμάτων ἔξω κόρας; mit βουλή verbunden bei Aesch. 3, 20. Lobeck zu Phrynichos 105 bezeugt auch 3 Endungen; ἀρρενωπός kommt, aber nur als Commune, vor bei Arist. Gen. anim. 2, 5 in Verbindung mit γυνή und bei Aelian N. A. 2, 11 mit στολή verbunden.

Meiner Meinung nach darf man nun nicht an denjenigen Stellen, wo in den Handschriften die Feminiform bei diesen Kompositis bezeugt ist, ohne weiteres dieselbe ändern und derartige Fälle als ganz abnorme Ausnahmen oder Bizarrerien einzelner Schriftsteller ansehen. Von vornherein waren in der griechischen Sprache Analoga nach beiden Richtungen hin vorhanden, und der Sprachgeist benutzte dieselben je nach Bedürfnis. Vielleicht wurde auch bei den in Rede stehenden Wörtern die Zusammensetzung nicht deutlich empfunden und dieselben eher als Simplicia gedacht und aufgefasst. Oder es wurden derartige Adjektiva durch solche Komposita beeinflusst, deren Schlussglied ein Particip oder Adjektiv war, und von denen auch in der Prosa nicht wenige drei Endungen haben, oder deren Motion wenigstens schwankend ist.

Selbst inschriftlich sind derartige Schwankungen bezeugt, obwohl auch da im allgemeinen die Regel gilt, dass die zusammengesetzten Adjektiva nur zwei Endungen haben. Vereinzelt stehen da θριπ-ήδεσται neben gewöhnlichem θριπ-ήδεστοι,[1]) und ἀδόκιμαι neben gewöhnlichem

---

[1]) Zu θριπ-ήδεσται vgl. Lautensach, **Verbalflexion der attischen** Inschriften, Progr. des Gymn. Ernestin. Gotha 1887, S. 26.

ἀδόκιμοι. Das Nähere hierüber bietet Meisterhans, Grammatik der attischen Inschriften 2. Aufl. Berlin 1888 S. 116.[1]) Doch muss ich bemerken, dass im allgemeinen die Inschriften nach dieser Richtung hin wenig Ausbeute zu gewähren scheinen. Noch ist hier zu erwähnen, dass im elischen Dialekt das zusammengesetzte Verbaladjektivum ἔντακτος mit passiver Bedeutung mit Femininform in ἐντάχται 1156, 1. 2 erscheint, worüber Meister, Die griechischen Dialekte, II. Band, 1889 S. 63 zu vergleichen ist.

Was speziell unseren Schriftsteller anlangt, so wäre es voreilig, wollten wir daraus, dass uns eine Form oder ein Ausdruck nur einmal begegnet, ohne weiteres Schlüsse ziehen, denn allein stehende und nicht wiederkehrende Formen und Ausdrücke finden wir in fast allen lukianischen Schriften.[2])

### C. Zusammengesetzte Adjektiva, deren letztes Glied ein Adjektivum (Participium) ist.

*a) Verbaladjektiva, bei denen das Schlussglied nur adjektivische Bildung hat, vor der Zusammensetzung aber noch nicht selbständig fungierte.*

Von den Grammatikern sind über diese Verbaladjektive folgende Regeln aufgestellt worden: Die mit einer Präposition zusammengesetzten sind, wenn sie passive Bedeutung haben, zweigeschlechtig und Proparoxytona;[3]) wenn sie eine Möglichkeit ausdrücken, dreigeschlechtig und Oxytona. Aber anstatt der dreigeschlechtigen Oxytona kommen sehr viele zweigeschlechtige Proparoxytona vor, da die passive Bedeutung sehr leicht in die der Möglichkeit übergehen kann. Alle übrigen Komposita sind zweigeschlechtig und Proparoxytona.[4]) Im grossen und ganzen finden wir dieses Princip auch bei Lukianos beobachtet.

α) Die mit Präpositionen zusammengesetzten sind:

Ἀμφί-λεκτος, οὐκ ἦν ἂν ἀμφίλεκτος ἀνθρώποις ἔρις Demosth. enc. 9 nach Eur. Phoen. v. 500;[5]) ἀνά-στατος, πόλεις ἀνάστατοι Dial. mort. 18, 2; ἀνοστάτους ἐποίησα τοσαύτας πόλεις Dial. mort. 12, 2.

ἔπ-εφθος, κράμβης ἀπέφθου φύλλα Tragödop. 160.

ἀπό-βλητος, πρᾶξις ἀπόβλητος Philop. 17.

ἄφ-ετος, τριχὸς ἀφέτου Tragödop. 114.

διά-λυτος, διαλύτοισιν ἁρμογαῖς Tragödop. 222.

ἔκ-δοτος, παρασχοῦσα ἑαυτὴν ἔκδοτον Deor. Dial. 20, 13.

ἐξ-αίρετος, ἐξαίρετον ... ὁμόνοιαν Amor. 32; ἔχθραν τινὰ ἐξαίρετον Hermotim. 85.

ἐπ-είσ-ακτος, πενίᾳ μορφῆς ἐπεισάκτου Demosth. enc. 24.

---

[1]) Vgl. auch Kühner, Gramm. I S. 538 ff. [2]) Vgl. Bieler, Über die Echtheit des Lucianischen Dialogs de Parasito, Progr. Hildesheim 1890 S. 12. [3]) Auch auf den attischen Inschriften sind die Verbaladjektiva der mit Präpositionen zusammengesetzten Verba, die alle die Bedeutung eines Part. Perf. Pass. oder Adjektivs haben, nur zweier Endungen. Vgl. Lautensach a. a. O. S. 26. [4]) Vgl. Kühner, Gramm. I S. 538 und 539. [5]) Vgl. Bramba a. a. O. S. 49.

ἐπ-έραστος, ἐπέραστον κόρην Tim. 17; κόρη ἐπέραστος Philop. 9; Dial. marin. 7, 2; vgl. Dial. mar. 1, 5.
ἐπί-σειστος, ἐπίσειστον κόμην Gall. 26.
ἐπί-πλαστος, τῆς ἐπιπλάστου καὶ δυσχεροῦς ταύτης ὑποκρίσεως, Amor. 3; φιλίας ἐπιπλάστους Nigr. 17.
ἐπί-χριστος, ὡς ἐπίχριστος ἡ εὐμορφία ἐστίν Tim. 28; Neutr. ἐπιχρίστοις φύκεσιν Amor. 41.
ἐπ-ονείδιστος, τὴν ἐπονείδιστον ταύτην κλοπήν Prom. 18.
κατα-γέλαστος, τραχεῖαν τὴν ᾠδὴν καὶ καταγέλαστον Dial. mar. 1, 4.
κατά-κριτος, πᾶσαν μὲν ἀμορφίαν .. κατάκριτον Amor. 23.
περί-βλεπτος, ἡ Δωδώνη τότε καὶ ἡ Πίσα λαμπραὶ καὶ περίβλεπτοι πᾶσιν ἦσαν Ikarom. 24; δουλείαν περίβλεπτον Apol. 1; τὴν πατρίδα Somn. 8.
περι-μάχητος, γνόντες δ᾽ ὅτι περιμάχητος ἔσται sc. κόρη Charid. 17; Masc. Tim. 21; Char. 11, Neutr.
περι-σπούδαστος, Ἑλένη Dial. Deor. 20, 14 ; οὕτω περισπούδαστον εἶναι, φιλίαν ἐν Σκύθαις Tox. 8; οὐχ ὁρᾷς ὁπόσαι καὶ ὡς περισπούδαστοί εἰσιν αἱ ἑταῖραι .. Dial. meretr. 6, 2.
πρόσ-θετος, τὴν δὲ (sc. κόμην) καὶ πρόσθετον ἐπικείμενος Alex. 3.
σύμ-μικτος, βοὴ σύμμικτος ἠκούετο Ver. Hist. II, 5.
ὕπ-οπτος, ὕποπτον .. τὴν ὅλην πραγματείαν Hist. conscr. 13.
Eine Ausnahme macht das Homer entlehnte ἀμφίρυτος; νήσῳ ἐν ἀμφιρύτῃ Philop. 9 und Char. 14, νήσῳ ἐν ἀμφιρύτῃ; βασιλεὺς δέ τις εὔχεται εἶναι; der erste Teil dieser Stelle ist nach Od. 1, 50 od. 198, der zweite nach Od. 5, 450 citiert.[1]

Oxytona sind dem allgemeinen Brauche entsprechend dreigeschlechtig:

ἀπ-ευκτός (verwünscht, von ἀπ-εύχομαι) ἀποφρᾴδα δὲ μόνοι ἐκεῖνοι τὴν μιαρὰν καὶ ἀπευκτὴν ... ἡμέραν Pseudol. 12.

ἐφ-ικτός, ἴδωμεν εἰ ἐφικτή αὕτη .. ἐστιν Hermot. 76, was Sommerbrodt (Luc. op. vol. 1 p. 11 pag. XCV) videamus, num ad eam pervenire possimus, erklärt.

συμ-βλητός, οὐ συμβλητὴν ὑπεροχήν Halc. 4 (unecht).

συν-ετός, οὐ ξυνετὴν .. τὴν νόμην Deor. Dial. 26, 2.

Dagegen findet sich auch Epist. Saturn. 4 ἐπιβατός communis generis, μηκέτι ἐπιβατὸν αὐτοῖς ποιεῖν τὴν οἰκίαν. Dazu findet man Analoga bei Herodot 4, 195 νῆσον διαβατόν; ebenso ist dort ἐπακτός 7, 102 zweigeschlechtig; ferner findet sich bei Thucyd. 2, 41, 4 γῆν ἐσβατόν und 7, 87, 2 ὄσμαὶ ἦσαν οὐκ ἀνεκτοί.[2] Diese Ausnahmen können nach dem oben S. 16 Erörtertem um so weniger befremden, als von vorn herein sich im Griechischen der Typus von Adjektiven zweier Endungen auf -ος ausgebildet hatte, indem einmal ursprüngliche Substantiva auf -ος adjektiviert wurden, dann aber auch Komposita auf -ος mit Femininis verbunden werden konnten.[3] Diese beiden Faktoren haben ohne Zweifel bei der Motion der altgriechischen Adjektiva eine grosse Rolle gespielt, und das Beispiel der

---

[1] Vgl. Sbrdt. Ausg. Schrift. d. Luc., zu dieser Stelle und Joost a. a. O. S. 7. [2] Mehr Beispiele bringt La Roche, Über die Adjectiva zweier Endungen auf ος im Griechischen, Jahresber. d. Kais. Königl. Staats-Gymnasiums zu Linz 1883, S. 19. [3] Vgl. Delbrück, Grundl. d. gr. Syntax S. 66.

zweigeschlechtigen Adjektiva auf -ος wirkte so mächtig, dass selbst Komparative und Superlative zweier Endungen sein konnten, und zwar nicht nur bei Dichtern, wo mehrfach die Antriebe zu solchen Bildungen im Metrum lagen, sondern auch bei Prosaikern, z. B. ὀλοώτατος ὀδμή Od. 4, 442; κατὰ πρώτιστον ὀπωπήν Hymn. Cer. 157; Thuc. 5, 110, 1 ἀπορώτερος ἡ λῆψις; 3, 101, 2 δυσεσβολώτατος ἡ Λοκρίς; 3, 89, 5 καὶ ἐξαπίνης πάλιν ἐπισπωμένην βιαιότερον τὴν ἐπίκλυσιν ποιεῖν, wo man allerdings füglich βιαιότερον als Adverbium fassen kann. Ferner bei Platon ὑπὸ λαμπροτέρου μαρμαρυγῆς Rep. VII, 518 A; ἐννομωτέρου εὐθὺς παιδιᾶς Rep. IV, 424 E.[1]) Hierher gehört endlich noch eine Stelle aus Lukianos' Lexiphanes c. 13: ὑπὸ σφραγῖσι θριπηδεστάτοις, wenn anders hier die Lesart richtig ist.

β) Die übrigen zusammengesetzten Verbaladjektive sind der Regel entsprechend Proparoxytona und zweigeschlechtig:

*Ά-βατος (βαίνω) ἄβατος καὶ ἀνήροτός ἐστι* sc. *γυνή*, Lexiph. 19, wo der aussergewöhnliche Gebrauch des Wortes bemerkenswert ist. Der Seherz, den Lukianos (Lykinos) in dieser Schrift treibt, besteht nicht allein in der Sammlung von veralteten und der Bildung von neuen, seltsamen Wörtern, sondern auch darin, durch aussergewöhnlichen Gebrauch bekannter Wörter und doppelsinnigen Ausdruck komische Wirkung zu erzielen.[2]) Ferner *ἐλάφου δὲ θηλείας ἔτι παρθένου καὶ ἀβάτου* Philops. 7; *αἱ Θετταλαὶ .... ἄβατοι* Zeuxis 6 und *ἄβατον τὴν χώραν*, De dipsad. 1; dsgl. *δύσ-βατος, ἡ ψάμμος* De dipsad. 2; *γῆς ὅρια δυσβάτου* Tragödop. 219; *ἀ-πρόσ-βατος, αἱ πέτραι καὶ ἀπρόσβατοι* Prom. 1; *ἡλί-βατος, πετρῶν κατ' ἠλιβάτων* De merc. cond. 5 u. Timon 26 nach Theognis v. 175[3]) u. Apol. 10 *κατὰ κρημνῶν γε ἠλιβάτων*.

*ἄ-γνωστος (γιγνώσκω) ἄγνωστον οὖσαν* Halc. 3.

*ἀ-δέκαστος (δικάζω) καὶ διανοίας ἀκριβοῦς καὶ ἀδέκαστον* Hermot. 64.

*ἀ-δείμαντος (δειμαίνω) καθαρὰν καὶ ἀδείμαντον ἤδη ἕξει τὴν οἰκίαν οἰκεῖν* Philops. 31.

*ἀ-δίδακτος (διδάσκω) τὴν μὲν ἀδίδακτον* De Hist. conscr. 34.

*ἀ-δίκαστος (δικάζω) ἀδίκαστος γὰρ ἡ δίκη μεμένηκεν αὐτοῖς* Bis acc. 23.

*ἀ-δύνατος (δύναμαι) ἀδύνατον ἀποφαίνων τῆς ἀληθείας τὴν εὕρεσιν* Hermot. 50.

*ἀεί-μνηστος (μιμνήσκω) ἡ δόσις ἀείμνηστος* Epist. Saturn. 3.

*ἀ-ήττητος (ἡττάομαι) γνώμας ἀηττήτους* Anach. 12; *βαβαῖ τῆς ἀηττήτου ψυχῆς καὶ μακαρίας* Demosth. enc. 50.

*ἀ-θέατος (θεάομαι) τὴν κεφαλὴν δὲ ὑπὸ κόλπου ἀθέατον φυλάττων* Alex. 26; Nigr. 23; vgl. Nigr. 15 *ἀθέατος ἀληθείας*, als Masc. mit aktiver Bedeutung, während an den übrigen Stellen das Wort passive Bedeutung hat; *ἀθέατοι γάρ εἰσι* sc. *αἱ Γοργόνες* Dial. marin. 14, 2.

*ἀ-θόλωτος (θολόω) ἀθόλωτον εὗραν* Tragödop. 62; vgl. Hes. Op. 595 *κρήνη*.

*ἄ-ϊστος (εἴδω) λείπουσα γαῖαν εἰς μυχοὺς εἶμι χθονός, ἄϊστος* Tragödop. 295.

---

[1]) Vgl. La Roche a. a. O., der auch hierzu noch mehr Beispiele liefert S. 19. [2]) Vgl. Richard, Über die Lykinosdialoge des Lukian, Progr. des Johanneums in Hamburg 1886, S. 46. [3]) Vgl. Sbrdt., Ausg. Schrift. d. Luc., zu Tim. 26 und Brambs a. a. O. S. 48.

αἰχμ-άλωτος (ἁλίσκομαι) περὶ τῆς αἰχμαλώτου λέγῃ Pro imag. 24; τὴν **παρθένον τὴν αἰχμάλωτον** Asin. 23; ἀν-άλωτος, τὴν Ἴλιον τέως ἀνάλωτον οὖσαν De salt. 9.

ἀ-κάθαρτος (καθαίρω) ἀκάθαρτον εἶναι αὐτῷ τὴν γυναῖκα Lexiph. 19.

ἀ-καλλώπιστος (καλλωπίζω) τὴν ἀκαλλώπιστον ἐκείνην οὐχ ὁρᾷς, τὴν γυμνήν Pisc. 16.

ἀ-κάλυπτος (καλύπτω) ἀκάλυπτος ἡ κεφαλή Pseudol. 21 und ἀ-κατα-κάλυπτος, πλὴν ὅτι ἀκατακάλυπτος αὕτῃ ἔσται τὴν κεφαλήν Imag. 6.

ἀ-κατα-μάχητος (μάχομαι) ἡ Γλαυκῶπις ἀκαταμάχητος Philopatr. 8.

ἀ-κίνητος (κινέω) ἀκίνητον τὴν Καμάριναν ἐᾶν Pseudol. 32.

ἄ-κλητος (καλέω) ἀκλήτους αὐτάς ἐλθεῖν; De domo 4.

ἀ-κόλαστος (κολάζω) τὴν ἀκόλαστον ἡδονήν Amor. 37; ἀκολάστοις ψυχαῖς Epigr. 6.

ἀ-κόρεστος (κορέννυμι) ἡ δὲ γυνή ... ἀκόρεστος Asin. 51.

ἀ-κνίσωτος (κνισάω u. κνισόω) ἀκνίσωτοι δὲ αἱ ἀγυιαί Bis. acc. 2.

ἄ-κριτος (κρίνω) ἀκρίτῳ φορᾷ Amor. 37; ἄκριτον τὴν τιμωρίαν Abd. 8.

ἀ-κώλυτος (κωλύω) ἀκώλυτος ἡ ἔξοδος Tim. 18.

ἄ-ληκτος (λήγω) σπουδὴν ἄληκτον Anach. 12; ὀδύνας μὲν ἀλήκτους, De dips. 4; Dat. pl. Phal. pr. 11.

ἀ-μέλλητος (μέλλω) ἀμέλλητον εἶναι τὴν πρὸς τὸ καλὸν ὁρμήν Nigr. 27.

ἀ-μετα-νόητος (νοέω) ἀμετανόητον οὖν τὴν ἀνάληψιν Abd. 11.

ἀ-μετά-πτωτος (πίπτω) καὶ αἱ καταλήψεις αὐτῶν οὐκ εἰσὶν ἀμετάπτωτοι, zuverlässige, wahre Begriffe; Das Wort kommt sonst bei Lukianos nicht vor, Paras. 28.[1]

ἀ-μύθητος (μυθίομαι) ὡς ἀμύθητος ἦν ἡ κόπρος Alex. 1.

ἀν-αίσχυντος (αἰσχύνομαι) ἡδονὰς ἀναισχύντους Amor. 21; ib. 41; ἀλλὰ μὰ τὴν ἀναίσχυντον Ἀθηνᾶν Lexiph. 19.

ἀν-άλγητος (ἀλγέω) ἡ δὲ γλῶσσα ἔσται ἀνάλγητος Vit. auct. 9, sagt Diogenes, die Worte des Hippolytos bei Eurip. Hipp. v. 612 parodierend.[2]

ἀν-αντί-λεκτος (λέγω) ἀπόδειξις Eunuch. 13.

ἄν-ετος (ἵημι) ἀργὸς δὲ αὐτὴ καὶ ἄνετος οὖσα Musc. enc. 8; σείων τὴν κόμην ἄνετον Alex. 13.

ἀν-έραστος (ἐράω) οὐκοῦν ἀνέραστος σὺ μενεῖς, Μουσάριον Dial. meretr. 7, 4; dsgl. ἀξι-έραστος, εἰμί sc. Γαλάτεια Dial. mar. 1, 2.

ἀν-επ-αίσθητος (αἰσθάνομαι) ἡ δαπάνη Epist. Saturn. 3.

ἀν-έφ-ικτος (ἐφ-ικνέομαι) φιλοσοφία ἀνέφικτος Hermot. 1; ἐλπίδας ἀνεφίκτους Herm. 72; ib. 67 Neutr. sg.; εἰκόνας Pro imag. 23.

ἀν-ήκεστος (ἀκέομαι) ἐπ᾽ ἀνηκέστῳ συμφορᾷ Amor. 16; Gen. pl. davon Tim. 56.

ἀν-ήροτος (ἀρόω) ἡ μὲν γῆ ἄσπορος καὶ ἀνήροτος ἔφυεν Saturn. 20; vgl. Lexiph. 19.

ἀ-νίκητος (νικάω) τῆς ἀνικήτου θεᾶς Tragödop. 85; Akk. ib. 190; τὴν ἀνίκητόν με δεσπότιν Tragödop. 138.

ἀ-νόητος (νοέω) ᾤμην γὰρ ἡ ἀνόητος Dial. meretr. 12, 1.

---

[1] Vgl. Bieler, Über die Echtheit des Lucian. Dialogs De parasito, S. 12.  [2] Vgl. Schulze, Lukianos als Quelle für d. Kenntnis der Tragödie a. a. O. S. 127.

ἀ-οίκητος (οἰκέω) ἡ οἰκία Philops. 31; Λιβύη De Dipsad. 1.
ἀν-όνητος (ὀνίνημι) ἐπίνοιαν .. ἀνόνητον Rhet. praec. 5.
ἀ-όρατος (ὁράω) ἀόρατον οὖσαν Halc. 3.
ἀν-υπό-στατος (ἵστημι) τῆς ἀνυποστάτου λαίλαπος Halc. 4; ἀνυπόστατον τὴν ἀλκήν, Jupp. trag. 40.
ἀν-υπέρ-βλητος (ὑπερ-βάλλω) ἡδονὰς ἀνυπερβλήτους Herm. 7.
ἀν-ώμοτος (ὄμνυμι) ἡ τοίνυν νῆσος αὕτη ἀνώμοτός ἐστιν Dial. marin. 10, 1.
ἄ-παυστος (παύω) τὴν ἄπαυστον ταύτην ὀργήν Amor. 2.
ἀ-πέραντος (περαίνω) ἀπεράντους γίνεσθαι ε. τὰς τιμωρίας Abd. 9.
ἀ-πολέμητος (πολεμέω) ἀπολέμητος ἡμῖν ἡ τοῦ πατρὸς ἀρχή, Deor. Dial. 20, 12.
ἄ-πρακτος (πράττω) καὶ ἄπρακτον καί σοι ὁμοίαν ἡμέραν Pseudol. 12; ποίησιν ἄπρακτον Dem. enc. 9; τὰς δὲ ἀπράκτους sc. τῶν εὐχῶν Ikarom. 25; ἐκείνας τὰς ἡμέρας ... ἀπράκτους Pseudol. 13.
ἀ-προ-οιμίαστος (προοιμιάζομαι) ἀπροοιμίαστον ... τὴν ἀρχήν De Hist. conscr. 52.
ἀ-πρόσ-ιτος (πρόσ-ειμι) ἀπρόσιτος ἡ δύναμις Dem. enc. 32; dsgl. εὐ-πρόσ-ιτος, νῆσος οὐ μεγάλη εὐπρόσιτος Ver. Hist. 2, 44; εὐπρόσιτον τὴν Λιβύην ἐκείνην De Dips. 3.
ἀ-προσ-δόκητος (προσ-δοκάω) ἐπὶ τῇ ἀπροσδοκήτῳ θέᾳ Tox. 30.
ἄρ-ρηκτος (ῥήγνυμι) ὑπ᾽ἀρρήκτου δεθὲν φρουρᾶς Amor. 32.
ἄρ-ρητος (W. ἐρ) ἀρρήτου νυκτός Amor. 16; dsgl. ἀπόρ-ρητος, οὐκ ἀπόρρητος ἡμῖν ἡ τροφή Gall. 5. Gen. Harmon. 1; Akk. Gall. 18; ἀπόρρητόν τινα τὴν αἰτίαν Ikarom. 4; τελεταὶ ἀπόρρητοι Amor. 42.
ἀ-στασίαστος (στασιάζω) ἡ πόλις δὲ ἀστασίαστος ἦν Phal. pr. 3.
ἄ-στρωτος (στρώννυμι) εὐναῖς ἐν ἀστρώτοισι Tragödop. 65.
ἀ-συγγύμναστος (συγγυμνάζω) αἱ μὲν γὰρ ... ἀσυγγύμναστοι μένουσι De paras. 6.[1]
ἄ-τακτος (τάττω) τῆς ἀτάκτου ... φιλονεικίας Amor. 17; ἄτακτον ᾠδήν Ikarom. 17; dsgl. εὔ-τακτος, ἁρμονία De salt. 7; Akk. ib. 10.
ἄ-τεγκτος (τέγγω) ὡς μόνη θεῶν ἄτεγκτος οὖσα Tragödop. 310 f.; ὑπὸ τῆς ἀτέγκτου Ποδάγρας Okyp. Einl.
ἀ-τείχιστος (τειχίζω) τὰς πόλεις ἀτειχίστους Nav. 32.
ἄ-τριπτος (τρίβω) ἀτρίπτῳ ὁδῷ Asin. 16.
ἄ-τρωτος (τιτρώσκω) αἱ δὲ Μοῦσαι ἄτρωτοι Deor. Dial. 19, 2.
ἀ-φόρητος (φερ, φέρω, φορέω) κνῖσα Ver. Hist. 2, 29; καὶ ἡ ζημία Ῥωμαίοις ἀφόρητος De Hist. conscr. 28.
ἄ-φυκτος (φεύγω) ἀλλά τινι ἀνάγκῃ ἀφύκτῳ κεκελευσμένοι Jup. conf. 18.
ἀ-χάριστος (χαρίζομαι) ὦ ἀχάριστε sc. Μυρτάλη, Dial. meretr 14, 2.
ἄ-χραντος (χραίνω) ἐπὶ τὴν αὐτοῦ τοῦ κάλλους ἔχραντόν τε καὶ καθαρὰν ἰδέαν Dem. enc. 13.
δυσ-μίμητος (μιμέομαι) ὑπὸ σφραγῖσι δυσμιμήτοις Alex. 20.
δυσ-πάτητος (πατέω) .. εἰσέβην ὁδὸν καὶ δυσπάτητον Tragödop. 226 f.
εὐ-αδίκητος (ἀδικέω) ἡ Πενία Tim. 32.

---
[1]) Vgl. Bieler, a. a. O. S. 12.

εὐ-κατα-φρόνητος (κατα-φρονέω) ἡ Πενία Tim. 32.
εὔ-κρατος (κεράννυμι) εὐκράτου καὶ κούφης αὔρας Charid. 1; συνθήκῃ ὀνομάτων εὐκράτῳ καὶ μέσῃ De Hist. conscr. 46.
εὔ-πηκτος (πήγνυμι) εὐπήκτους ὑφάς Amor. 47 nach Eurip. Iph. T. 312.
ἡμί-φλεκτος (φλέγω) ἡ δὲ ἡμίφλεκτος ἀφεῖσα Tox. 61.
ἱππ-ήλατος (ἐλαύνω) ἡδίστην τε ἅμα καὶ ἐπιτομωτάτην καὶ ἱππήλατον sc. ὁδόν Rhet. praec. 3; dsgl. τροχ-ήλατος, ἕως ἀπήνη παραδράμῃ τροχήλατος Tragödop. 239.
νεό-κτιστος (κτίζω) τὴν νεόκτιστον ταύτην οἰκίαν Adv. ind. 24.
νεό-τμητος (τέμνω) κρηπίδας γὰρ καλλίστας ἐωνεῖτο νεοτμήτους Adv. ind. 6.
πολυ-θρύλητος (θρυλέω) ἡ πολυθρύλητος ἀρετή Deor. conc. 13; dass. i. Akk. Ikarom. 30; Bis acc. 21; πολυθρύλητοι γὰρ πάνυ καὶ αὗται Jup. conf. 3.
πολυ-στέναχτος (στενάζω) Ποδάγρα, πολυστένακτε Tragödop. 2.
σιδηρό-πλαστος (πλάσσω) σιδηρόπλαστον βάσιν Okyp. 164.
τρι-πόθητος (ποθέω) τὴν τριπόθητον εὐδαιμονίαν Hermot. 69.
χρυσο-κόλλητος (κολλάω) ὁμίλας χρυσοκολλήτους Adv. ind. 29.
χρυσό-παστος (πάσσω) ἐσθῆτα χρυσόπαστον Adv. ind. 8; Menipp. 16; στολήν Ikarom. 29; χλαμύδα Gall. 26.

Diese zusammengesetzten Verbaladjektive, deren wir, wie vorstehende Tabelle zeigt, bei Lukianos eine sehr grosse Anzahl finden, waren auch schon — von geringen Ausnahmen abgesehen — in der älteren Sprache Proparoxytona und communis generis. So kommen von den angeführten bei Homer mit Substantiven weiblichen Geschlechts verbunden ἄκρητος (ἄκρατος) ἄ-παστος, ἄ-πρηκτος (ἄπρακτος) ἄρ-ρηκτος, εὔ-πηκτος und andere vor, sämtlich zweigeschlechtig. Nun hat bekanntlich Porson ad. Med. 822 die Behauptung aufgestellt, dass ursprünglich alle Adjektiva composita, auch die auf -ος, dreigeschlechtig gewesen seien[1]) und Wirth in seiner Schrift „De motione adjectivorum quae in ιος, αιος, ειος, ιμος terminantur"[2]) S. 3 stimmt diesem Gelehrten bei. Ich habe bereits früher darauf hingewiesen, dass diese Ansicht eine durchaus irrtümliche ist.[3]) Im Gegenteil hat meiner Ansicht nach die griechische Sprache den umgekehrten Prozess durchgemacht. Gerade in der älteren Zeit, wo zunächst das Gefühl für die Zusammensetzung mit Substantiven auf -ος, -ον, sodann die Adjektivierung ursprünglicher Substantiva auf -ος in dem Sprachgeist noch lebendig war, bildete sich, wie ich oben S. 16 u. 19 gezeigt zu haben glaube, der Typus von Adjektiven zweier Endungen auf -ος aus. Diesen schlossen sich begreiflicherweise auch die übrigen zusammengesetzten Adjektive, wie die Verbaladjektive an und diejenigen, deren Schlussglied bereits vor der Komposition ein Adjektivum war. Diese Annahme wird auch noch durch eine andere Beobachtung gestützt. Wir können dieses vielleicht indirekt auch aus dem Umstande schliessen, dass nirgends bei den Participien etwas Derartiges vorkommt. Diese

---

[1]) Omnia ... adjectiva composita et in ος terminata apud antiquissimos Graecos per tria genera declinabantur ἀπόρθητος, ἀπορθήτη, ἀπόρθητον. Femininas formas, cum iam paullatim obsolevissent, poetae et Attici vel ornatas vel varietatis ergo subinde revocabant. [2]) Leipz. Studien zur classischen Philologie III. B. 1. Heft 1880. [3]) Vgl. meine Abhandl. Zur Motion der Adjektiva im Griechischen S. 8.

sind stets dreier Endungen, denn für diese waren von vorn herein keine Analoga vorhanden, nach welchen sie auch zweigeschlechtig hätten behandelt werden können. Jene Analogieen aber bei der Geschlechtsflexion der Adjektiva haben ihren Einfluss bis in die spätesten Zeiten des Altgriechischen geltend gemacht und dies um so mehr, als die homerischen Gedichte, also auch die Sprache, für Prosaiker ebenso wie für Dichter eine reiche Quelle waren, aus der sie nach den verschiedensten Richtungen hin schöpften. Man darf diesen Punkt bei einer Untersuchung auch über die Motion der griechischen Adjektiva nie aus dem Auge verlieren. Indessen, wie immer wir die Sache auch betrachten mögen, merkwürdig bleibt es, dass das Altgriechische diese zweigeschlechtigen Adjektiva auf -ος hat und nicht wie das Lateinische z. B. die Neigung zeigte, auch Adjektiva komposita mit Substantiven auf -ος, -α(η), -ον (lat. us, a, um) im Schlussgliede zu dreigeschlechtigen Adjektiven umzuschaffen. Man vergleiche lat. ob-vius, a, um (ob-via) se-curus (se-cura), z. B. securae gentes Ov. Met. I, 100; in-numerus, innumeras errore vias, Ov. Met. VIII, 167; in-imicus a, um (in-amicus), circum-sonus, a, um (circum-sonus) und dergleichen Fälle mehr.

Diese Thatsache ist um so interessanter und auffallender, als das Neugriechische, welches zwar durchaus nicht ohne weiteres mit dem Altgriechischen identificiert werden darf,[1]) aber doch hinsichtlich der Deklination und Konjugation in mancherlei Punkten mit diesem übereinstimmt, nur dreigeschlechtige Adjektiva kennt, da hier auch die Adjektiva komposita nur drei Endungen haben. Diese Umwandlung hat sich offenbar im Mittel- und weiterhin im Neugriechischen unter dem Einflusse der romanischen Sprachen vollzogen. Agr. φρόνιμος, φρόνιμον bildet jetzt auch φρονίμη; agr. ἥσυχος, ον, welches ursprünglich Substantiv, in der ganzen älteren Gräcität nur zweigeschlechtig ist,[2]) bildet jetzt ἡσύχη; desgleichen ἥμερος, ον, ngr. ἡμέρη; ἄθφος, ον, ngr. ἀθῶα; agr. ἀκατάστατος, ον, ngr. ἀκατάστάτη.[3]) „Hierin", sagt H. Müller, „Das Verhältnis des Neugriechischen zu den romanischen Sprachen" S. 19, „stimmt das Ngr. mit den nordwestlichen romanischen Sprachen überein, welche den lateinischen Adjektiven auf is, die für das männliche und weibliche Geschlecht auch nur eine gemeinsame Endung haben, eine besondere für das Femininum gaben, z. B. prov. noble, nobla = nobilis, trist, trista = tristis; fr. bref, brève = brevis; grand, grande = grandis, cruel, cruelle = crudelis etc." Das Neugriechische unterscheidet sich in dieser Beziehung nur dadurch von den romanischen Sprachen, dass es sich auch die neutralen Formen sämtlich bewahrt hat.

*b) Zusammengesetzte Adjektiva, deren zweites Glied schon vor der Zusammensetzung ein Adjektivum war oder adjektivische Bildung hat.*

Von diesen sind bei Lukianos folgende zweigeschlechtig:

Ἀ-δέξιος, τῆς ἀδεξίου διακονίας Saturn. 4.

ἄ-δηλος, ἡ δ' ἀληθὴς ἐν αὐταῖς ἄδηλος sc. ὁδός Hermot. 52; ταῖς τῆς πατρίδος ἀδήλοις τύχαις Dem. enc. 41; dsgl. πρό-δηλος, πρόδηλος γὰρ ἡ αἰτία Adv. ind. 22; πρόδηλος δὲ ἦν

---

[1]) Vgl. Krumbacher, Beiträge zu einer geschichte der griechischen sprache i. K. Z. f. vgl. Sprachforsch. XXVII S. 486. [2]) Vgl. Delbrück, Grundl. d. gr. Syntax S. 65. [3]) Vgl. auch G. Hatzidakis, Die altgriechischen feminina auf -ος im Neugriechischen i. K. Z. XXVII. Bd. S. 82 ff.

κοσμουμένη Pisc. 12; οὐ γὰρ πρόδηλος . . . ἡ θύρα Pisc. 13; ἐπὶ προδήλῳ τῇ νόσῳ De domo 1; πρόδηλον ἔχουσα τὴν αἰτίαν Calumn. 24.

ἀ-ίδιος, ἡ δουλεία γίγνεται Jupp. conf. 7; ἀίδιον τὴν δουλείαν Tyrannic. 6; das Wort ist ebenso bei Xenophon immer Commune.[1]

ἀμφί-κυρτος (κυρτός gekrümmt, schon bei Homer Adj. z. B. Il. 4, 426) ἀμφίκυρτος γίγνομαι sc. Σελήνη Ikarom. 20.

ἀνα-πόμπιμος, ἀναπόμπιμον . . . ἐκπέμψαι τὴν δίκην Eun. 12.

ἀν-ήμερος (bereits das Simplex war stets zweigeschlechtig) ἀνήμερος γῇ, οὕτω καὶ ξηρά De dips. 1; ὕλαις ἅπασα καὶ ταύταις ἀνημέροις λάσιος Proin. 12.

ἄν-ισος, καὶ αἰτιωμένων τήν τε εἱμαρμένην ὡς ἄνισον τὴν νομὴν πεποιημένην Epist. Saturn. 4.

ἀν-όσιος, ἀνόσιον τὴν κρίσιν Calumn. 8; τὰς δὲ ἀνοσίους sc. εὐχῶν Ikarom. 25.

ἀξιό-πιστος, καὶ πιθανὴν καὶ ἀξιόπιστον καὶ ὑποκριτικήν Alex. 4; dsgl. ἄ-πιστος ἄπιστος γὰρ αὐτόθι ἡ κατηγορία Calumn. 24; ἄπιστον οὖσαν Hale. 3.

ἀπ-αίσιος, ἀπαίσιον ἡμέραν Pseudolog. 12; ib. 16 ἡμέρᾳ δυσφήμῳ καὶ ἀπαισίῳ.

ἀ-πειρό-καλος, τὴν φιλοτιμίαν ἀπειρόκαλον De salt. 33.

ἀ-πίθανος, ἀπίθανόν τινα τὴν μεγαλουργίαν Char. 4; ἀπιθάνους ἀριστείας Dial. meretr. 13, 5; ἀπιθάνους κατηγορίας Calumn. 13.

ἀ-χρεῖος (χρεῖος, ον Adj. bei Lukianos Amor. 42, sonst wird das Wort wohl auf χρεία zurückgeführt, vgl. Kühner, Gramm. S. 526), ἡ ἀχρεῖος ἐκείνη καὶ περιττὴ σοφία Fugitiv. 10.

δι-α-έριος, τὴν διαέριον φυγήν De salt. 42; dsgl. ἐν-αέριος, τὴν ἐναέριον ἐκείνην μῖξιν Musc. enc. 6.

δι-ετήσιος, ἐν ἑορταῖς διετησίοις De merc. cond. 19.

δύσ-αγνος, κοίταις τε δυσάγνοις Alex. 54.

εἰσ-αγώγιμος, μήτε εἰσαγώγιμοι αἱ δίκαι ὦσι . . Pseudol. 13.

ἐν-αγώνιος, ἐναγώνιος ἡ ὄρχησις De salt. 32; τῆς ἐναγωνίου χειρονομίας De salt. 78.

ἐν-όπλιος, . . . ἡ ὄρχησις De salt. 8; τὴν ἐνόπλιον αὐτῷ μάχην Demon. 38.

ἐπ-έτειος (Weiterbildung von ἔτος) τῆς ἐπετείου συντάξεως Alex. 57; dieses Wort wird sonst auch dreigeschlechtig gebraucht: Aesch. Ag. 988 ἐξ ἀλόχων ἐπετειᾶν; Herod. 6, 105 θυσίῃσι ἐπετείῃσι und Plat. Legg. XII, 955 D.

ἐπι-θαλάμιος, τὴν ἐπιθαλάμιον ἐπιβουλήν De salt. 44.

ἐπι-νίκιος, τὴν ἐλευθέριον ἐκείνην καὶ ἐπινίκιον σπονδήν, Tyrannic. 22.

ἐπ-ώμιος, ταῖς ἐπωμίοις περόναις Amor. 44.

εὐ-άγωγος, εὐαφὴς καὶ εὐάγωγος ἔστω ἡ . . . . μετάβασις De Hist. conser. 55; καὶ μελοποιίᾳ εὐαγώγῳ Nero 6; dsgl. εὐ-περι-άγωγος, ἡ κεφαλή Musc. enc. 3.

ἡμί-γυμνος, ἡ δὲ Κλυταιμνήστρα . . . . ἡμίγυμνος πρόκειται De domo 23; καλλίστην ἡμίγυμνον Dial. mar. 14, 3; ἡμίγυμνοι αἱ πολλαί Dial. mar. 15, 3.

---

[1] Vgl. Wirth, de motione etc. S. 35.

ἡμι-στρόγγυλος, ἡμιστρόγγυλον τομήν Okyp. 97.
ὀλιγο-χρόνιος, τῆς ὀλιγοχρονίου ταύτης δυναστείας Saturn. 7; ὀλιγοχρονίου τε καὶ βραχείας ἡδονῆς Nigr. 33; ὀλιγοχρόνιον τὴν ἀρχήν, Saturn. 4; ἐλπίδας οὕτως ὀλιγοχρονίους οὔσας De Hist. conser. 61; dsgl. πολυ-χρόνιος, πολυχρονίου ἐπιθυμίας Asin. 12.
παγ-γέλοιος, παγγέλοιος καὶ τεταραγμένη sc. ἡ ᾠδή Ikarom. 17; μίαν ᾠδὴν παγγέλοιον Conv. 17; αὗται παγγέλοιοι De Hist. conser. 32.
παμ-πόνηρος, ἡ παμπόνηρος Dial. meretr. 1, 1.
παγ-χάλεπος, τὴν Παραιτονίαν, παγχάλεπον, ὥς φασιν, οὖσαν καὶ ἄφυκτον De Histor. conser. 62.
παρ-άλιος, καὶ τῆς παραλίου καὶ ὀρεινῆς Κιλικίας Navig. 32; κατὰ τὴν παράλιον ταύτην Αἰθιοπίαν, Dial. mar. 14, 3.
ὑπ-αίθριος, εὐνή. ὑπαίθριος Menipp. 7; ὑπαιθρίῳ διαίτῃ Abd. 28; αἱ ὑπαίθριοι ταλαιπωρίαι Anach. 16, und so immer Commune bei Platon;[1]) dsgl. ὕπ-αιθρος, spätere Form für ὑπαίθριος, ἡ ὕπαιθρος δίαιτα Demon. 1.
ὑπέρ-λευκος, τὴν ὑπέρλευκον χροιάν Amor. 41.
ὑπερ-όριος, καὶ τὰς ὑπερορίους ... ἀποκληρώσομεν Bis acc. 14; ebenso bei Thuc., Aeschines; Platon und Andocides gebrauchen das Wort auch dreigeschlechtig.[2])
ὑπ-ηνέμιος, ὑπηνέμιον αὐτὴν παῖδα De sacrif. 6.
ὑπο-βρύχιος, κἂν ὑποβρύχιον ἀπενιχθῆναι τὴν Αἴγιναν Nero 4.
ὑπό-θερμος, ἡ Μέγιλλα ὑπόθερμος ἤδη οὖσα Dial. meretr. 5, 3.
ὑπό-λοιπος, χρῆσις ὑπόλοιπος τοῦ νόμου Abd. 10; ἔχει τινὰ ὑπόλοιπον ἐλπίδα Dial. meretr. 10, 4.
ὑπό-σκληρος, φάττα τις ὑπόσκληρος De merc. cond. 26.
ὑπο-χείριος (χείριος als Adj. bei Soph. u. Eurip.) σὺ δὲ ἐπείπερ ἔμαθες ὑποχείριον ἔχων με τετηχυῖαν ἐπὶ σοί Dial. meretr. 12, 1. So bei Platon immer Commune.[3])

An dieser Stelle mag noch die Form πάμπολλος als Femininum gegenüber gewöhnlichem πάμπολυς, παμπόλλη, πάμπολυ Erwähnung finden. Cynic. 1 lesen wir ἄσην πάμπολλον, während sich sonst die regelmässige Form παμπόλλη bei Lukianos findet neben den auch im übrigen gebräuchlichen Pluralformen πάμπολλαι und παμπόλλας; so z. B. Apol. 11 τὸ δὲ πρᾶγμα παμπόλλην ἔχει τὴν διαφωνίαν; Calum. 10 πάμπολλαι ὑποθέσεις und Abd. 30 παμπόλλας ἔχει τὰς αἰτίας. An der Form πάμπολλος als Femininum hat Bieler Anstoss genommen und dieselbe mit gegen die Echtheit des Dialogs „Cynicus" ins Feld geführt.[4]) An und für sich kann nun nach meinem Dafürhalten πάμπολλος[5]) als Femininum kaum befremdlich erscheinen, nach dem, was wir sonst über die Motion der Adjektiva im Griechischen wissen, zumal da diese Form als Femininum uns auch anderweit bei späteren

---

[1]) Vgl. Wirth, a. a. O. S. 35. [2]) Vgl. Wirth, a. a. O. S. 34. [3]) Vgl. Wirth, a. a. O. S. 35. [4]) „Über die Echtheit des Lucianischen Dialogs Cynicus", Progr. Hildesheim 1891. Dagegen ist Richard, „Über die Lykinosdialoge des Lukian", Progr. des Johanneums in Hambg. 1886, S. 32. für die Echtheit der Schrift eingetreten. [5]) Bereits auch von du Mesnil, „Grammatica, quam Lucianus in scriptis suis secutus est, ratio cum antiquorum Atticorum ratione comparatur", Progr. d. Gymn. zu Stolp, 1867, S. 4 erwähnt.

Schriftstellern bezeugt ist, so bei Aelian Var. Hist. 4, 8 παμπόλλους μυριάδας und Apoll. pron. 374, 6 (nach Pape, gr. Lexicon).[1]) Im neuion. Dialekt existierte die Form πολλός für πολύς und diese wendete Herodot zumeist an (vgl. Kühner, Gramm. S. 534, b). Durch Beeinflussung der zahlreichen Adjektiva auf -ος, deren Masculinform auch mit für das Femininum verwendet werden konnte, wurde nun auch πολλός, namentlich aber in der Zusammensetzung mit παμ- als Femininum gebraucht, wie wenn überhaupt von vorn herein eine Masculinform πάμπολλος neben πάμπολυς vorhanden gewesen wäre. Die Form πολλός wurde aber offenbar aus dem neuionischen Dialekt importiert. Sonst haben ja bekanntlich die Adjektiva auf ας, υς, υς (z. B. ἅπας) in der Prosa, auch wenn sie Komposita sind, immer drei Endungen.

So dürfte demnach πάμπολλος selbst als vereinzelt dastehende Form bei Lukianos nicht ohne weiteres auszumerzen sein. Freilich im Zusammenhang mit den sonstigen sprachlichen Eigentümlichkeiten dieser Schrift muss sie für Lukianos selbst als Autor Bedenken erregen. Im übrigen aber kann ich den Ausführungen Bielers nur beipflichten, welcher durch weitere sprachliche Beobachtungen bestimmt, den „Cynicus" für nicht lukianisch hält, zumal erst jüngst auch Schulze, „Bemerkungen zu Lucians philosophischen Schriften", sich gegen die Echtheit der Schrift ausgesprochen hat.[2]) Dieser führt S. 6 f., abgesehen von dem trockenen lehrhaften Ton der Lobrede des Cynikers und den Weitschweifigkeiten im Periodenbau etc., noch das äussere Moment an, dass, während in allen Satiren Lucians, in denen Verteidiger und Angreifer sich gegenüberstehen, mit Ausnahme des Bis accusatus, der angreifende Spötter den Sieg davon trägt, im „Κυνικός" Lycinus verstummt und der ganze Dialog volltönend ausklingt mit dem Selbstlob des Cynikers.

Ferner sind dem gewöhnlichen Sprachgebrauch entsprechend dreigeschlechtig zunächst die Dekomposita d. h. die von Kompositis abgeleiteten Adjektive auf ικός.[3])

Ἀπο-δεικτικός, τῇ ἀποδεικτικῇ ταύτῃ τέχνῃ Hermot. 69.
ἐπι-δεικτικός, ἐπιδεικτική ἐστιν sc. ἡ ὄρχησις De salt. 35.
κατα-ληπτικός, τὴν καταληπτικὴν φαντασίαν Conv. 23.
κατα-πληκτικός, τῆς καταπληκτικῆς θέας Pilopatr. 8.
ὑπο-κριτικός, ὑποκριτικὴν τοῦ βελτίονος sc. ψυχῆς κρᾶσιν Alex. 4.

Sodann die Zahlwörter auf πλάσιος:[4])

Δι-πλάσιος, διπλασίαν τοῦ ἐρυθήματος ἐκφαίνουσι τὴν αἰθρίαν De domo 8; διπλασίαν τὴν παράκλησιν Halc. 8.
τρι-πλάσιος, καὶ τὴν νύκτα τριπλασίαν τῆς ἡμέρας ποιῆσαι διέγνωκεν Deor. Dial. 10, 1.

Und schliesslich findet sich von δισ-μύριοι ein Femininum im Sing. beim Collectivum gebildet, τὴν ἵππον δισμυρίαν οὖσαν Zeuxis. 8.

---

[1]) Vgl. auch Kühner, Gramm. S. 540, Anm. 4.   [2]) Progr. des Friedrichs-Gymnasiums zu Dessau, 1891.
[3]) Vgl. Kühner, Gramm. S. 538.   [4]) Vgl. Kühner ebendas. S. 540. Näheres darüber findet sich bei Wirth a. a. O. S. 15: adjectiva multiplicativa (διπλάσιος etc.), quae semper mobilia sunt.

Weiter aber haben drei Endungen: *Ἀ-μενηνός* (*ἀμ-μένος*, vgl. Kühner, Gramm. S. 526, c.) homerisches Beiwort, wozu Joost a. a. O. S. 9 bemerkt: adhibitum ab Homero de mortuis et somnis Od. 10, 521 *νεκύων ἀμενηνὰ κάρηνα*; Od. 19, 562 *δοιαὶ γάρ τε πύλαι ἀμενηνῶν εἰσὶν ὀνείρων* Lucianus transfert ad res secundas, Gall. 5 *ἀμενηνήν τινα εὐδαιμονίαν τῇ μνήμῃ μεταδιώκων*.

*ἐπ-αινός* (*ἐπ* u. *αἰνός* = *δεινός*) ebenfalls homerisches Beiwort, Menipp. 9 *καὶ νυχίαν Ἑκάτην καὶ ἐπαινὴν Περσεφόνειαν*, nach Il. 9, 457. Das Wort kommt bei Homer überhaupt nur im Femininum vor, ausser an der erwähnten Stelle noch Il. 9, 569; Od. 10, 491; 534; 11, 47 und Hesiod Theog. 768. [1])

*πάγ-καλος*, *παγκάλην τινὰ γυναῖκα ἰδών* Imag. 1; *παγκάλην καὶ ταύτην* Imag. 20; *γυναῖκα παγκάλην αὖθις ἐποίησε* Dial. mar. 7, 2. Dieser Gebrauch entspricht durchaus dem Platons, der das Wort ebenfalls sehr oft dreigeschlechtig anwendet, z. B. Legg. IV, 722 C *παγκάλη ἐνάπαυλα; παιδία* Phaedr. 276 D.[2]) Man vergleiche dagegen oben S. 8 *φιλόκαλος*, welches Wort communis generis ist.

*ὠμο-βόϊνος*, *ἀσπίδα ὠμοβοΐνην* Hermot. 33. Ein Simplex *βόϊνος* ist nicht bezeugt; *ὠμοβόϊνος* kommt noch vor bei Herod. 7, 76; 79; Xen. Anab. 4, 7, 22, 26; 7, 3, 32, *σάλπιγξιν ὠμοβοΐναις*.

Zu diesen eben angeführten Wörtern kommen noch eine Anzahl zusammengesetzter Adjektive auf *ιος*, *αιος*, *ιιος*, *ιμος*, was um so auffallender ist, als gerade eine ziemlich grosse Zahl von einfachen Adjektiven mit diesen Ableitungssilben, — welche übrigens griechische Spezialbildungen sind — namentlich bei den Attikern zweigeschlechtig gebraucht wurden, so dass man füglich erwarten könnte, dass die Komposita erst recht communis generis wären:

*Ἀ-ικούσιος*, ionische Form für *ἀκούσιος*, *ἀλλά οἱ ἡ νοῦσος ἀεκουσίη* De Syr. dea 18.

*ἐν-αντίος* (über die Betonung vgl. Kühner, Gramm. S. 526), schon bei Homer dreier Endungen und so überall auch in der Prosa, *τῆς ἐναντίας δόξης*, Phal. sec. 3; *ἤπειρον τὴν ἐναντίαν* Ver. Hist. 2, 28; *τὴν ἐναντίαν θέμενος* Bis acc. 32; vgl. Dem. enc. 23; *ἐναντίαν αὐτῷ κιθάραν τε καὶ ᾠδήν* Nero 2; *καὶ τὴν ἐναντίαν αὐτῇ* Pisc. 20; *ἐναντίας τὰς χεῖρας*, aus Pindar. fragm. 74,[3]) Pro imag. 19 und *οἱ δὲ ὑπὸ τῇ ἐναντίᾳ ταττόμενοι* Pisc. 20. Diese Lesart an letzterer Stelle verteidigt neuerdings Sommerbrodt[4]) gegen die von Schwartz in der Berliner Wochenschrift f. klass. Philologie 1890 n. 32 vorgeschlagene Konjektur *ἐπὶ τῆς ἐναντίας* und bringt für die Konstruction *τάττεσθαι ὑπὸ* mit dem Dativ unter jemandes Kommando stehen, unter jemandem dienen, weitere Belege aus Lukians Schriften bei.

*παρα-ποτάμιος*, *ἐπ' ὄχθῃ παραποταμίᾳ* Hermot. 68.

Bei *παρα-πλήσιος* schwankt die Motion: dreier Endungen ist es Abd. 7 *παραπλησίαν τὴν θεραπείαν* und Patr. enc. 2 *τὴν πατρίδα παραπλησίαν*; communis generis ist es Abd. 26 *οὔθ' αἱ τῶν νοσημάτων φύσεις παραπλήσιοι*. Also in ein und derselben Schrift kommt es einmal mit zwei und einmal mit drei Endungen vor; ebenso schwankt die Motion dieses

---

[1]) Vgl. Joost a. a. O. S. 21. [2]) Vgl. Kühner, Gramm. S. 540 und ebendas. Anm. 2. [3]) Vgl. Brambs a. a. O. S. 48. [4]) Neue Jahrbücher für Philologie und Pädagogik, 1891, 3. Heft S. 189.

Wortes bei Thucydides und Xenophon; dreigeschlechtig ist es immer bei Herodot, Isocrates und Platon; communis generis gebraucht es Aeschines.[1]

ἡμι-σταδιαῖος, γυναῖκα ὁρῶ προσιοῦσαν φοβεράν, ἡμισταδιαίαν σχεδὸν τὸ ὕψος Philops. 22; ἡμισταδιαίαν γυναῖκα, γιγάντειόν τι μορμολύκειον Philops. 23.

ἐπι-τήδειος soll, weil seine Komposition nicht sicher erwiesen ist, bei den einfachen Adjektiven besprochen werden.

Schliesslich ἄ-καίριμος (ἀ- u. καίριμος; letzteres bezeugt nach Pape (gr. Lexicon) bei Athen. XIII 581, b, l. d. καιρίμην πλάγεις) Histor. conser. 32 ὅτι κἂν ἐπ' ἀκαιρίμαν γλῶσσαν, φασίν, ἔλθῃ quidquid in buccam venerit, sprichwörtliche Redensart.[2]

Am Schlusse des ersten Teiles meiner Abhandlung sei es mir gestattet, das Resultat der Untersuchung betreffs der Adjektiva komposita bei Lukianos noch einmal kurz dahin zusammenzufassen: **Die zusammengesetzten Adjektive mit ursprünglichem Substantivum im Schlussgliede sind sämtlich zweigeschlechtig**; ausgenommen ist nur das aus der homerischen Sprache adoptierte substantivische Beiwort εὐρυάγυια. Diese Art der Geschlechtsflexion bei diesen so gebildeten Kompositis ist die allgemein übliche in der griechischen Prosa und wird weiterhin durch die attischen Inschriften bestätigt.[3] Dieselbe ist nur eine Fortsetzung eines schon in der älteren Sprache (bei Homer und Hesiod) vorhandenen Gebrauches, welcher aber von dem aus indogermanischer Zeit überliefertem Zustande abweicht. Eine Umwandlung aber der zweigeschlechtigen Adjektiva auf -ος überhaupt in dreigeschlechtige vollzog sich im Altgriechischen um so weniger, als sprachliche Einflüsse von aussen so gut wie garnicht stattfanden und dasselbe sich bis in die Kaiserzeit hinein ebenso seine keusche Reinheit bewahrte, wie es im grossen und ganzen das Lateinische gethan hat.

Der erst genannten Kategorie von zusammengesetzten Adjektiven schliessen sich zunächst diejenigen an, bei welchen das zweite Glied auf eine dem Verbum und Substantivum gemeinsame Wurzel zurückzuführen ist; von diesen machen drei Komposita eine Ausnahme χαροπός, ἀργινωπός und σκυθρωπός.

Von den Verbaladjektiven sind die mit einer Präposition zusammengesetzten der allgemein gültigen Regel entsprechend Proparoxytona und communis generis mit Ausnahme des homerischen ἀμφίρυτος, fem. ἀμφιρύτη; die Oxytona sind dreigeschlechtig, ausgenommen ἐπιβατός, das einmal zweigeschlechtig gebraucht ist. Die sonstigen zusammengesetzten Verbaladjektive sind ebenfalls dem allgemeinen Brauche folgend sämtlich ohne Ausnahme Proparoxytona und zweigeschlechtig.

Die grosse Anzahl der erwähnten Komposita hatte schon in der älteren Sprache die mit ursprünglichem Adjektivum im zweiten Gliede beeinflusst, obwohl hier am ehesten auch in der Zusammensetzung ein besonderes Femininum hätte gebildet werden können, zumal da, wo bereits ein dreigeschlechtiges Simplex vorhanden war. Doch finden sich bei dieser Kategorie auch eine ziemliche Anzahl solcher dreier Endungen. Bei Lukianos sind drei-

---

[1] Vgl. Wirth a. a. O. S. 34. [2] Vgl. Srbdt. zu der Stelle in den Ausgew. Schriften und Schwidop, observationum Lucian. specim. II S. 61. [3] Vgl. Meisterhans, Gramm. d. attisch. Inschriften, 2. Aufl. 1888 S. 116.

geschlechtig 1) die Dekomposita auf -ικός, 2) die Zahlwörter auf -πλάσιος, 3) eine Anzahl anderer Komposita, darunter einige speziell homerische Beiwörter, wie ἀμενηνός, ἐπαινός, besonders aber solche, die mit den Ableitungssilben ιος, αιος, ειος, ιμος gebildet sind. Letzteres muss befremden, da sonst in der Prosa und namentlich bei den Attikern gerade die einfachen Adjektive dieser Ableitungssilben häufig zweigeschlechtig gebraucht werden.

Mehrfach findet nun aber bei dieser zweiten Klasse von Kompositis ein Übergreifen aus dem Gebiete der einen in das der anderen statt. Auch dieser Zustand war bereits in der älteren Sprache vorhanden. Von vorn herein waren Analogiebildungen nach der einen oder der anderen Seite gegeben. Diesen folgte oder bequemte sich je nach Laune und Gefühl der Sprachgeist des Volkes resp. der einzelne Schriftsteller an.

Man darf demnach wohl behaupten, dass im Altgriechischen hinsichtlich der Motion der Adjektiva von Homer ab bis in die späteren Zeiten eine gewisse gleichmässige Continuität der Entwickelung stattgefunden hat, und dass die in dieser Beziehung von den Grammatikern aufgestellten Regeln niemals eine ganz allgemeine Geltung haben können, da wir im einzelnen hinwiederum doch mehrfach ein Übergreifen der einen Kategorie in das Gebiet der anderen wahrnehmen.

Im Neugriechischen schliesslich hat unter dem Einfluss der romanischen Sprachen eine vollkommene Umwandlung zunächst in Bezug auf die Motion der Adjektiva komposita, dann aber auch hinsichtlich der Simplicia stattgefunden. Das Neugriechische kennt nur Adjektiva dreier Endungen, indem es im Gegensatz zu den romanischen Sprachen auch die neutralen Formen sich sämtlich bewahrt hat.

## II. Die einfachen Adjektiva.

Es ist eine bekannte Thatsache, dass im Altgriechischen nicht nur die zusammengesetzten Adjektiva auf -ος meistens zweigeschlechtig sind, sondern auch eine Anzahl einfacher immer als Adjektiva zweier Endungen gebraucht werden, dagegen bei einer grossen Zahl anderer Simplicia der Gebrauch schwankend ist. Dabei ist zu bemerken, dass die Behauptung der alten Grammatiker, die diesen Gebrauch als ausschliesslich attisch bezeichnen, irrig ist.[1]) Vielmehr ist dieser Gebrauch allen Dialekten eigen und findet sich auch nicht blos bei Dichtern, wie zuerst bei Homer, wo zweifelsohne das Metrum mit von Einfluss gewesen sein mag, sondern ebenso bei Prosaikern, beispielsweise bei Lukianos, welcher im allgemeinen auch hierin den besten Mustern attischer Prosa gefolgt ist.

Zunächst dürften sonach diejenigen einfachen Adjektive anzuführen sein, welche regelmässig und in der ganzen Gräcität communis generis sind. Sie sind bei Kühner, Gramm. I$^3$ S. 535, § 147 aufgeführt. Es unterliegt wohl keinem Zweifel, dass die meisten von diesen ursprünglich Substantiva gewesen sind. Wie in den übrigen indogermanischen Sprachen und jedenfalls schon in der indogermanischen Ursprache, so war auch im Griechischen die Grenze zwischen Substantivum und Adjektivum von vorn herein keine sehr scharfe.[2]) Substantiva wurden zu Adjektiven umgeschaffen und umgekehrt Adjektiva zu Substantiven. Der substantivische Ursprung dokumentiert sich noch in dem mangelhaften Ausdruck der adjektivischen Form.[3]) Die adjektivierten Substantiva, die ursprünglich als Apposition zu einem anderen Substantivum traten, konnten wohl dem führenden Substantivum die geringere formelle Abbeugung zum Neutrum nachthun, aber nicht die grössere zum Femininum.[4]) So wurden sie zweigeschlechtige Adjektive auf -ος, -ον. Diese und die grosse Anzahl von Adjektivis kompositis auf -ος bildeten den Typus von Adjektiven auf -ος, -ον überhaupt aus (vgl. oben S. 16 u. 19) und beeinflussten auch vielfach die einfachen Adjektive. Die so geschaffenen Analoga wurden nun auf die verschiedenste Weise in den Dialekten und von den einzelnen Schriftstellern verwertet; am meisten aber wurde das genus commune von attischen Schriftstellern angewendet. Daher die oben erwähnte Behauptung der alten Grammatiker.

Von denjenigen Adjektiven, welche stets zweigeschlechtig sind, finden sich bei Lukianos folgende:

Βάρβαρος, βάρβαρος γυνή Dial. marin. 14, 4; βάρβαρος δὲ ἡ φωνὴ ἔστω Vitar. auct. 10; ἔν τε Ἑλλάδι καὶ τῇ βαρβάρῳ sc. γῇ Charid. 10; βάρβαρον γυναῖκα Pro imag. 24; ἐσθῆτες

---

[1]) Vgl. La Roche a. a. O. S. 3. [2]) Vgl. K. Brugmann, Grundriss der vergleichenden Grammatik der indogermanischen Sprachen II. Band S. 447, welcher daselbst sagt: „So viel dürfte sich schon aus dieser kleinen Beispielsammlung mit Sicherheit ergeben, dass dieses Schwanken zwischen adjectivischer und substantivischer Geltung der o-Nomina in die uridg. Zeit hinauf reicht." Vgl. auch ibid. S. 420. [3]) Vgl. Paul, Principien der Sprachgeschichte 1. Aufl. S. 205. [4]) Vgl. Delbrück, a. a. O. S. 65.

βάρβαροι De Syr. dea 16; vgl. Plat. Prot. 341 C ἐν φωνῇ βαρβάρῳ; Thuc. 7, 80, 2 πόλεις; ἡ βάρβαρος sc. γῆ Thuc. 2, 97, 3; Xen. An. 5, 5, 16.

ἥμερος, φύσει γὰρ ἥμερος sc. ἡ Φιλοσοφία Pisc. 24; auch ein Komparativ ἡμερώτερος findet sich Conv. 16.

ἥσυχος, καὶ τῶν μὲν ἄλλων εἶδον ἥσυχον φρένα Tragödop. 210.

νύκτερος, ἀπὸ τῆς νυκτέρου κοίτης Amor. 39.

Ferner ἕωλος, urspr. Subst. die Neige,[1]) dann Adj. abgestanden, schal, kraftlos; ἕωλος γὰρ ἡ ψυχραλογία Somn. 17; καὶ ἕωλος ἡ προθεσμία Abd. 11; ὁ τὴν ἕωλον ἡμῶν ἐκκαλεσάμενος μνήμην Amor. 53; ἕωλόν τινα μῆνιν διαφυλάττειν Prom. 8; ἕωλον θρυαλλίδα Tim. 2; μὴ ἕωλον εἶναι τὴν κρίσιν Bis acc. 25; τοσαύτας ἑώλους δίκας Bis acc. 3.

κίβδηλος, κιβδήλῳ τῇ διαιρέσει χρώμενοι De Hist. conscr. 9; vgl. Dem. Lpt. 167 τὴν πόλιν κίβδηλον; τιμαί Plat. Legg. V, 728 D.

λάλος, ἡ μὲν γὰρ Ἠχώ... οὕτω λάλος οὖσα Dial. mar. 1, 4; τὴν λάλον αὐτῆς τρόπιν De salt. 52; τὸ ἀρχαῖον γενέσθαι πάνυ καλήν, sc. Μυῖαν, λάλον μέντοι γε καὶ στωμύλην καὶ ᾠδικήν, Musc. enc. 10; τὴν λάλον. κεφαλήν De salt. 51; παντοίων στομάτων λάλον εἰκόνα Epigr. 29.

μάχλος, ὑπὸ μάχλου γυναικός, Calumn. 26; dieses Wort wird nur von Frauen gebraucht und trotzdem kein besonderes Femininum davon gebildet.

Ferner auf -νος: βάσκανος, ἡ δέσποινα βάσκανος οὖσα τυγχάνει Asin. 11.

τύραννος, αἱ γὰρ τύραννοι φύσεις μεθύουσι μέν Nero 2.

Die übrigen auf -νος oder vielmehr auf -ινος sind meist dreigeschlechtig: ἀνθρώπινος, τῆς ἀνθρωπίνης βιοτῆς Nav. 44; τῆς ἀνθρωπίνης ὄψεως Dem. enc. 24; ἀνθρωπίνῃ μεγάλῃ τῇ φωνῇ De morte Peregr. 39; τὴν ἀνθρωπίνην φύσιν Pro imag. 7; vgl. Halc. 3; De sacrif. 4; Pro laps. in salut. 16; Dem. enc. 48.

ἀσφοδέλινος, εἰς ναῦν μονόξυλον ἀσφοδελίνην, Ver. Hist. 2, 26.

γύπινος, πτέρυγα τὴν γυπίνην Ikarom. 11.

ἠλέκτρινος, στήλῃ ἠλεκτρίνῃ Ver. Hist. 1, 20.

κεράτινος, ἡ μὲν κερατίνη Ver. Hist. 2, 33.

κρίθινος, γῦριν κριθίνην Tragödop. 159.

κυπαρίσσινος, κυπαρισσίνην κηκίδα Tragödop. 159.

νυκτερινός, τὰς νυκτερινὰς ἐκείνας διατριβάς Ikarom. 21.

ὀθόνινος, κεφαλῇ ὀθονίνῃ Alex. 12; τὴν ὀθονίνην κεφαλήν Alex. 15.

οἰσύϊνος, ἡ ἀσπὶς οἰσυΐνη καὶ χοιρίνη De Hist. conscr. 23; vgl. Thuc. 4, 9, 1 ἀσπίσι τε φαύλαις καὶ οἰσυΐναις ταῖς πολλαῖς.

ὑακίνθινος, ὑακινθίνας τὰς τρίχας, Pro imag. 5.

χειμερινός, περὶ τροπὰς χειμερινάς Deor. conc. 15.

χοίρινος, siehe unter οἰσύϊνος.

---

[1]) Vgl. Delbrück a. a. O. S. 65.

Schwankend ist der Gebrauch von ἐλεφάντινος; dreier Endungen ist es Ver. Hist. 2, 33 ἡ δὲ ἐλεφαντίνη; communis generis in der pseudolukianischen Schrift Nero c. 9 καὶ δέλτους ἐλεφαντίνους καὶ διθύρους προβεβλημένοι αὑτάς, wo, wie oben S. 16 dargethan worden ist, das Kompositum δίθυρος das Simplex nach sich gezogen haben dürfte.

Ferner sind zweigeschlechtig gebraucht:
Ἀργός, hell, glänzend (ἀργός dagegen aus ἀ-εργός, nicht arbeitend), πολυσαρκίαν ἀργὴν καὶ λευκήν, Anach. 25. Dieses Adjektivum hat sonst drei Endungen.

δῆλος, στῆσον ἤδη καὶ ἀνάφηνον καὶ ποίησον δῆλον sc. τὴν νῆσον Dial. marin. 10, 1. δῆλος als zweigeschlechtiges Adjektiv wird nur noch bei Eurip. Med. 1197 bezeugt.[1])

Auffallend ist πρᾶος als Femininum: φύσει γὰρ ἥμερος καὶ πρᾶος ἐστιν sc. ἡ Φιλοσοφία Pisc. 24. Das Femininum von diesem Adjektiv wird sonst nach der consonantischen Deklination gebildet, πραεῖα; vielleicht veranlasste den Schriftsteller das zweigeschlechtige ἥμερος das Wort πρᾶος ebenso zu gebrauchen.

Nicht minder auffallend als Commune ist das Adjektiv verbale φορητός De salt. 27 φορητὸς ἡ ᾠδή; man vergleiche damit oben S. 19 ἐπιβατός.

Bald zwei-, bald dreigeschlechtig wird ἔρημος gebraucht.[2]) Zweier Endungen ist es De Dipsad. 1 γῇ ἔρημος; Ver. Hist. 1, 39 ἡμεῖς δὲ τὴν χώραν ἐπελθόντες ἔρημον ἤδη οὖσαν; Asin. 38 ἐν τῇ ἐρήμῳ τῆς ὁδοῦ; Ver. Hist. 2, 39 καὶ ἀπό τινος ἐρήμου νήσου; Fugitiv. 17 ἐρήμους τὰς τέχνας ἐάσουσιν. Bemerkenswert ist hier noch die bei Lukianos sehr häufige prädikative Stellung des Adjektivums.[3]) Adjektiv dreier Endungen ist es: Ver. Hist. 2, 3 νήσῳ μικρᾷ καὶ ἐρήμῃ; vgl. dagegen Ver. Hist. 2, 39; ἐξ ἐρήμης τοὺς παῖδας εὐθὺς ἁλίσκεσθαι Abd. 8; μὴ ἐρήμην sc. δίκην Anach. 40; ἐρήμην καὶ ἀπάνθρωπον συνέβαινε τὴν γῆν μένειν Prom. 11. Wie willkürlich in dieser Beziehung der Sprachgebrauch war, zeigt das letztere Beispiel, wo man wegen der Nachbarschaft von ἀπάνθρωπον eher ἔρημον erwarten sollte. Ferner ἐρήμην καταδιαιτήσας Pro imag. 15; οὐδὲ ἐρήμην ἡμῶν καταδιαιτᾶν Hermot. 30; ἐξ ἐρήμης οὕτω κρατεῖν δόξομεν Jupp. trag. 25; τοιγαροῦν ἐρήμην αὐτοῦ καταδικασάτωσαν Bis acc. 25; vgl. Deor. conc. 18; ἐρήμην πολλὴν ἐπελάσαντες Rhet. praec. 5; ὥστε ἐρήμην ἡλίσκεσθε μετ' αὑτοῦ Pisc. 32; τοσαῦτα ἔθνη καὶ τοσαύτας πόλεις ἐρήμην ὑπὸ σοῦ ἁλῶναι Toxar. 11; τῶν ἄλλων ἀκρίτων ἐρήμην καταγνούς Hermot. 85

Im attischen Prozesswesen waren diese Redensarten stereotyp und dabei wurde, wie der Vergleich mit Stellen aus anderen Schriftstellern zeigt, meist die Femininform von ἔρημος gebraucht z. B. Dem. 21, 81 δίκην εἷλον ἐρήμην; ibid. 40, 17 ἐρήμην διαιτᾶν; ibid. 33, 33 ἐρήμην αὐτοῦ κατέγνω; ἐρήμην τινὰ λαβεῖν Lys. 26, 18; ἤλπιζε ἀποφεύξεσθαι τὴν γραφὴν' οὔτε γὰρ ἐπεξιέναι οὐδένα, ἀλλ' ἐρήμην αὐτὴν ἔσεσθαι Antiph. 2, α, 7; ἐρήμην κατηγορεῖν Plat. Apol. 18, C; ἐρήμῃ δίκῃ θανάτου κατέγνωσαν αὐτοῦ Thuc. 6, 61, 7; doch findet sich auch da zuweilen ἔρημος als Femininum z. B. τὴν δίκην ἔρημον ὄφλειν Dem. 32, 26; τὴν ἔρημον δοῦναι Dem. 21, 85; δίκας ἐρήμους Dem. 55 §, 2. Man vergleiche ferner Xen.

---

[1]) Vgl. Kühner, Gramm. S. 535, Anm. 1. [2]) Vgl. zu diesem Adjektiv v. Bamberg, Zeitschrift f. Gymn. — W. 1880, Jahresber. S. 33 f. [3]) Über den prädikativen Gebrauch des Adjektivs beim Substantiv mit dem Artikel ist zu vergleichen Sbrdt. Ausg. Schr. d. L. Somn. 2, Anm. zu πρόχειρον ἔχουσα τὴν χορηγίαν.

Cyr. 3, 2, 2 πολλὴν τῆς χώρας ἔρημον καὶ ἀργὸν οὖσαν; Plat. Legg 862 C ἔρημον τὴν πόλιν und Herodot 9, 63 ἡ ἐσθὴς ἐρῆμος ἐοῦσα ὅπλων; ib. 3, 102 στέλλονται ἐς τὴν ἔρημον οἱ Ἰνδοί; ib. 4, 18 μετὰ δὲ τὴν ἔρημον Ἀνδροφάγοι οἰκέουσι.[1])

Bei Homer ist ἔρημος immer dreigeschlechtig; bei Lukianos ist ἔρημος 5 mal als Adjektivum zweier und 13 mal als solches dreier Endungen gebraucht.

Getrennt von den übrigen sind nun noch die Adjektiva auf -ιος, -αιος, -ειος, -ιμος zu behandeln. Dabei ist die oben (S. 28) gemachte Bemerkung zu wiederholen, dass alle diese Wörter griechische Spezialbildungen sind, so dass eine Ableitung der Eigentümlichkeit, dass sie vielfach zweier Endungen sind, aus vorgriechischer Zeit, nirgends an die Hand gegeben ist. Es ist wohl wahrscheinlich, dass auf diese Wörter, welche alle mehr als zweisilbig sind, das Beispiel der Komposita gewirkt hat.[2]) Eine Spezialuntersuchung über diese Adjektiva bei den Epikern, Herodot, den Lyrikern und den attischen Dichtern und Prosaikern hat, wie bereits erwähnt wurde,[3]) G. Wirth geliefert. Meine Aufgabe wird es sein, den Sprachgebrauch des Lukianos in dieser Hinsicht festzustellen und zu vergleichen, in wie weit derselbe mit den früheren, besonders attischen Schriftstellern darin übereinstimmt oder von dem Gebrauche derselben abweicht.

## Die Adjektiva auf -ιος.

Drei Endungen haben:

Ἄγριος, τὴν μὲν ... παράφορόν τε καὶ ἀγρίαν Demosth. enc. 13; ἀγρίαις ἐπιθυμίαις Nigr. 16; dieses Wort wird bei Homer auch zweigeschlechtig gebraucht Il. 3, 24; 19, 88; einmal auch bei Platon Legg. VII, 824 A τὴν ἄγριον τῶν θηρίων ῥώμην.

ἄθλιος, βαρύνεται γὰρ ἡ ἀθλία τὴν γαστέρα De merc. cond. 34; vgl. Asin. 25; Bis acc. 24; Dial. meretr. 2, 1; Dial. marin. 6, 3; 12, 1; Dial. mort. 28, 2. Mit Ausnahme von Eurip. Alc. 1043; Hel. 796; Herc. fur. 100 ist dieses Wort auch sonst überall dreigeschlechtig.

αἴτιος, ἡ μέθη αἰτία Bacch. 8; οὐ γὰρ Ἀφροδίτη αἰτία τούτου Deor. Dial. 23, 1. Das Wort hat überall drei Endungen.

ἀλλότριος, ὅτι ἦν ἀλλοτρία Alex. 3; vgl. Patr. enc. 9; Calumn. 31 ἀλλοτρίᾳ κρίσει; Pseudol. 25, Akk. Sg. Nigr. 21; Jud. voc. 3; auch dieses Wort ist überall dreigeschlechtig.

δημόσιος, bei Lukianos und sonst immer Adjektiv dreier Endungen; τὴν οὐσίαν, ἥν ... δημοσίαν εἶναι πᾶσαν De morte Peregr. 15; vgl. Apol. 15; namentlich δημοσίᾳ im Gegensatz zu ἰδίᾳ, Dem. enc. 41; Apol. 11; Anach. 38; Abdic. 23 und sonst häufig.

ἴδιος, τὰς ἰδίας ἀκτῖνας Amor. 34; vgl. Alex. 3; Pseudol. 26; Menipp. 5; Charid. 17; Deor. Dial. 20, 4, dieses Adjektiv hat, ausgenommen Plat. Protag. 349 B ἰδίως οὐσία, immer drei Endungen.

---

[1]) Vgl. auch La Roche a. a. O. S. 12. [2]) Vgl. Delbrück a. a. O. S. 65. [3]) Siehe oben S. 23. Hinsichtlich der im nachfolgenden beigefügten Angaben aus anderen Schriftstellern verweise ich hiermit ein für allemal auf diese Schrift von Wirth.

λοίσθιος, καὶ λοισθία θνήσκοντος ἐντολὴ πατρός Tragödop. 272. Dieses Adjektiv ist meist dreier Endungen. Vgl. Kühner a. a. O. S. 537.

μακάριος, τὴν δὲ τὴν μακαρίαν εὐνήν Asin. 11; ζωήν Dial. mort. 5, 2; ὦ μακαρία ἐκείνη Dial. meretr. 14, 4; das Wort gebraucht nur Plat. Legg. VII, 803 C als Commune, πάσης μακαρίου σπουδῆς.

μέτριος, μετρίαν ὁδόν Asin. 2; hat meist drei Endungen; Commune Plat. Tim. 59 D.

νύχιος, καὶ νυχίαν Ἑκάτην καὶ ἐπωιήν Περσεφόνειαν, Menipp. 9. Das Wort findet sich zuerst bei Hesiod. O. 521; Theogn. 991; bei den attischen Dichtern und sonst zuweilen ist es zweigeschlechtig. Zu der lukianischen Stelle ist oben S. 28 unter ἐπωινός zu vergleichen.

ὄλβιος, τὰν δ' ἁμετέραν θεὸν ὀλβίαν Tragödop. 99.

ὅμοιος, immer Adjektiv dreier Endungen; ὁμοία τοῖς ἄλλοις Dial. meretr. 5, 4; vgl. ibid. 5, 3; Adv. ind. 12; 28; De Histor. conser. 10; Prom. es i. v. 2; Pisc. 13; 32; De merc. cond. 5; 26; 40; Hermot. 25; 61; doch Hermot. 59 ὅμοιος φιλοσοφία καὶ οἶνος.

ὄψιος, περὶ δείλην ὀψίαν, Saturnal. 14; Catapl. 12; vgl. Thuc. 8, 26, 1.

πατρῷος, πατρῴαν ἀρχὴν παραλαβών Dial. mort. 12, 3; τὴν πατρῴαν οἰκίαν Vit. auct. 9; ἐν τῇ πατρῴᾳ οἰκίᾳ Somn. 17, nach der Lesart von Sommerbrodt (Op. Luc. I, p. II p. XI). Das homerische πατρώϊος ist dreier Endungen und auch πατρῷος zumeist.

πολιός, πολιᾷ τῇ κόμῃ De merc. cond. 12; kommt bei Homer und auch sonst zuweilen communis generis vor.

πλούσιος, γυναῖκα πλουσίαν Alex. 6. Das Wort ist immer dreigeschlechtig.

ῥᾴδιος, ῥᾳδία ἡ ἔξοδος Ver. Hist. 2, 1; ῥᾳδίαν ἀπόκρισιν Disp. c. Hes. 4; vgl. Rhet. praec. 7; De astrol. 21: ἡ κίνησις καὶ οὐ ῥᾳδίη; Alex. 4; 55; ist meist dreier Endungen; nur Eurip. Med. 1375 u. Plat. Polit. 278 D gebrauchen es zweigeschlechtig.

φιλοτήσιος, φιλοτησίας προπίναντα Gall. 12; πίνειν φιλοτησίαν sc. πόσιν Gall. 26; τῶν παρόντων,.. φιλοτησίας προπινόντων Hermot. 11; ist meist dreier Endungen; Commune Theogn. 489; Soph. El. 1074 φιλοτησίῳ διαίτᾳ.

Hier reiht sich schliesslich noch das poetische ἀμβρόσιος an, welches, eine Weiterbildung von ἄμβροτος, (vgl. Curt. Grdz.[5] S. 331) kaum als Kompositum gefühlt und gedacht worden sein dürfte. Schon bei Homer ist es dreigeschlechtig, meist als Beiwort von νύξ, und so bei Lukianos Somn. 5 θεῖός μοι ἐνύπνιον ἦλθεν ὄνειρος ἀμβροσίην διὰ νύκτα nach Il. II, 56 f., Worte des Agamemnon; ebenso ἀμβροσίην διὰ νύκτα Gall. 8 und ἀπόζει δὲ αὐτοῦ ὀδμὴ ἀμβροσίη De Syr. dea 30. Nur Eurip. Med. 982 steht ἀμβρόσιος αὐγά; dagegen Eur. Hipp. 748 ist es dreier Endungen.

Bald zwei-, bald dreigeschlechtig werden gebraucht:

δαιμόνιος, ἀλλά τις ἔμπνοια δαιμόνιος ἐνεποίει σοι τὰ μέτρα, Disp. c. Hes. 9; diese Stelle lehnt sich inhaltlich an Hesiod. Theog. 31 f. an;[1]) dagegen διά τινα δαιμονίαν βούλησιν in

---
[1]) Vgl. Brambs a. a. O. S. 47.

der pseudolukianischen Schrift Hale. 1; in attischer Prosa ist das Wort nur bei Lysias 6, 32. ἀνάγκη δαιμόνιος, Commune, sonst immer dreier Endungen.

θαλάττιος, θαλαττίους γυναῖκας Ver. Hist. 2, 46; dagegen Θαλαττία τις, .. ὄρνις ἀλκυὼν ὀνομαζομένη Hale. 1; bei Aesch. Prom. 924 und Eur. I. T. 236 zweier Endungen; sonst bei Eurip. Andr. 17, Hec. 698 u. s. w. dreier Endungen.

θαυμάσιος, θαυμάσιος οὖσα Imag. 19; διεγέλα τοὺς θαυμάσιόν τινα τὴν σπουδὴν περὶ τὰ δεῖπνα ποιουμένους Nigr. 33; auch an dieser letzteren Stelle ist die prädikative Stellung des Adjektivs wohl zu beachten.

Dagegen ἡ θαυμασία σου αὕτη κατάπληξις Philopatr. 4; vgl. ib. 18 καὶ τὴν θαυμασίαν σου ἔκπληξιν; ῥάβδον τινὰ πεποίηται θαυμασίαν τὴν δύναμιν Dial. Deor. 7, 4; das Wort, seit Herodot in der Prosa sehr gewöhnlich, ist sonst immer dreigeschlechtig.

καίριος, βαθεῖα δὲ καὶ καίριος ἡ πληγὴ ἐγένετο Nigr. 35; dagegen Nigr. 38 Οὐκοῦν καὶ αὐτὸς ἡμῖν καιρίαν (sc. πληγήν) ὁμολογεῖς; so liest Sommerbrodt mit Schneidewin,[1]) während Jacobitz οὐκοῦν καὶ αὐτὸς ἡμῖν ἐρᾶν ὁμολογεῖς in den Text aufgenommen hat. Das Wort, meist von Dichtern angewendet, gebrauchen Aeschylus und Euripides je einmal zweigeschlechtig, Aeschylus zweimal und Sophocles einmal als Adjektiv dreier Endungen.

κόσμιος, ἡ ἑτέρα ..... κόσμιος τὴν ἀναβολήν Somn. 6; ὁρᾷς τὴν κόσμιον Piscat. 13; κόσμιον ἁρμογάν Tragodop. 89; ἔφη γυναῖκά τινα τῶν ἐπιφανῶν τὰ μὲν ἄλλα καλὴν καὶ κόσμιον, μικρὰν δὲ u. s. w. Pro imag. 4.

Nur einmal findet sich κόσμιος als Adjektivum dreier Endungen Pisc. 16 πάνυ γάρ μοι κόσμιαι καὶ αὗται δοκοῦσιν; also ist κόσμιος in ein und derselben Schrift einmal zwei- und einmal dreigeschlechtig gebraucht. Das Wort ist sonst immer, wie Kühner a. a. O. S. 536 sagt, dreier Endungen; eine von Wirth angezogene Stelle für κόσμιος als Femininum Plat. Rep. 539 D lässt er nicht gelten. Lukianos, der es viermal zweigeschlechtig und nur einmal dreigeschlechtig braucht, weicht also bei diesem Adjektiv ausnahmsweise einmal von dem gewöhnlichen Sprachgebrauche ab.

οὐράνιος, τὴν δὲ οὐρανίου χρυσῆς τινος σειρᾶς ἕλξιν Dem. enc. 13; οὐράνιος als Femininum ist verdächtig, zumal da die Schrift „Δημοσθένους ἐγκώμιον" allgemein für unecht gehalten wird;[2]) das Wort kommt sonst mit Ausnahme von Eurip. Jon. 715 bei den Tragikern nur mit drei Endungen vor; bei Prosaikern ist es von Wirth nicht belegt. Auch Lukianos hat sonst bei diesem Adjektiv drei Endungen, τὴν οὐρανίαν Ἀφροδίτην Pro imag. 23; μὰ τὴν οὐρανίαν Dial. meretr. 5, 4; τῇ οὐρανίᾳ δὲ τῇ ἐν κήποις Dial. meretr. 7, 1 und substantiviert ἢ τὴν Οὐρανίαν Hermot. 73.

Nur zweigeschlechtig braucht Lukianos folgende Adjektiva auf -ιος:

Αἴσιος, ᾄδειν οὐ πάνυ αἴσιόν τινα ᾠδήν Char. 7; das Wort ist auch sonst fast nur zweier Endungen, so z. B. Pind. P. IV, 23; Xen. Hell. VII, 1, 31; Cyr. I, 6, 1 αἴσιοι βρονταί.

---

[1]) Luc. op. vol. I, p. II, pag. XXI.  [2]) Vgl. oben S. 4, Anm. 3.

ἀσπάσιος, ἄλλως γὰρ οὐχ ἡδεῖά τις οὐδὲ ἀσπάσιως ἡ ὁδός Men. 1; das Wort ist sonst überall dreigeschlechtig; communis generis nur Od. 23, 233 ὡς δ' ὅτ' ἂν ἀσπάσιος γῇ νηχομένοισι φανήῃ. Diese homerische Stelle scheint dem Lukianos im Eingang des Menippos, der überhaupt viele poetische Anspielungen enthält, vorgeschwebt zu haben.

ἀφροδίσιος, Ἀφροδίσιοι προσέπνευσαν αὖραι Amor. 12.

γενέθλιος, πρὸς τὴν αὐτοῦ γενέθλιον sc. ἡμέραν Dem. enc. 2; τὴν Ὁμήρου γενέθλιον Dem. enc. 26; dieses Wort ist auch sonst meist zweier Endungen.

ἐθελούσιος, χορηγίας ἐθελουσίους Dem. enc. 16; ist bei Xenophon und Platon immer dreier Endungen.

ἑκούσιος, αὐτῷ ἑκούσιον τὴν ἀνάληψιν πεποιημένῳ Abd. 11. Dieses Wort braucht Thucydides zweigeschlechtig; Plato, Sophocles und Euripides brauchen es teils zwei-, teils dreigeschlechtig.

ἐλευθέριος, τὴν ἐλευθέριον ἐκείνην καὶ ἐπινίκιον σπονδήν, Tyrannic. 22; ὑπὸ παιδείαις ἐλευθερίοις Anach. 20; dieses Adjektiv hat bei Aeschines zwei, bei Xenophon zwei und drei Endungen.

ἐνιαύσιος, ἐνιαύσιον πρὸς τροφήν Navig. 6; ist bei Xenophon dreier, bei Platon und Euripides zweier und dreier Endungen.

ἐράσμιος, γυναῖκα ... ἐράσμιον δὲ ἔτι εἶναι βουλομένην Alex. 6.

ἑσπέριος, πρὸς τὰς ἑσπερίους πόλεις Somn. 15; diese Stelle ist zweifelhaft, worüber Sommerbrodt Luc. op. I p. II adnot. crit. p. XI zu vergleichen ist; bei den Tragikern ist ἑσπέριος immer dreigeschlechtig.

ἐτήσιος, τὴν ἐτήσιον ἑορτήν Amor. 4; vgl. Thuc. 5, 11 ἐτησίους θυσίας.

θεσπέσιος, ἡ δὲ κνῖσα θεσπέσιος καὶ ἱεροπρεπής De sacrif. 13; τὴν θεσπέσιον ἐκείνην ᾠδήν Disp. c. Hes. 1; ἐπῳδὰς θεσπεσίους Alex. 5; dieses Adjektiv ist bei Homer, Platon und Aeschylus immer dreier Endungen; bei Eurip. kommt es einmal, Andr. 296, zweigeschlechtig vor. Zu bemerken ist noch, dass die beiden ersten der oben angeführten Stellen pseudolukianischen Schriften angehören.

λάθριος, λάθριος ὑγρῶς ἡ δεξιά Amor. 53; λάθριοι τὸ λοιπὸν γὰρ ἐπιθυμίαι κακαί Amor. 43, welche Stelle aus Menander stammt.

λάσιος, ὅτι δασεῖα πᾶσα ἔντοσθεν καὶ λάσιός ἐστιν Ver. Hist. 1, 24; ἡ γῆ, λάσιος, .. ὕλαις. ἀνημέροις Prom. 12; πολλὴ γάρ τις καὶ λάσιος Ver. Hist. 1, 33; ὕλην μεγίστην καὶ λάσιον Ver. Hist. 2, 42; dieses Wort ist bei Homer immer dreigeschlechtig.

νυκτέριος, τελετήν τινα νυκτέριον De morte Peregr. 28.

ὀλέθριος, τὰς ὀλεθρίους ταύτας τῶν ἀκουσμάτων ἡδονάς Calumn. 30, ist bei Aeschylus und Sophocles dreier Endungen; bei Euripides einmal drei- und zweimal zweigeschlechtig.

ὄρθιος, πολλὴ γὰρ καὶ ὄρθιος οἶμος ἐς αὐτάς De paras. 14; diese Stelle ist eine Anspielung auf Hes. Op. 290 μακρὸς δὲ καὶ ὄρθιος οἶμος ἐς αὐτήν. Mehr lehnt sich Lukianos im Hermotimus c. 2 an die hesiodeische Stelle an; dort heisst es καὶ ἔστιν ὁ οἶμος ἐπ' αὐτὴν μακρός τε καὶ ὄρθιος καὶ τρηχύς und ebenso wird Rhet. praec. 7 auf jene Stelle Hesiods angespielt, wenn Lukianos sagt ἡ μὲν ἀτραπός ἐστι στενὴ καὶ ἀκανθώδης καὶ τραχεῖα.[1]) Im Hermotimus gebraucht der Schriftsteller οἶμος in Anlehnung an das Original als Masculinum, was es in der älteren Zeit auch war, während es später, besonders bei den Attikern, Femininum war. Offenbar hat bei diesem Genuswechsel die Analogie von ἡ ὁδός Einfluss gehabt.[2]) Das Adjektiv ὄρθιος kommt bei Sophocles einmal mit drei Endungen, bei Euripides einmal zwei- und einmal dreigeschlechtig vor; die Stelle bei Aeschylus Sept. 564 ist zweifelhaft. Die Schrift „de Parasito", wo οἶμος als Femininum und ὄρθιος zweigeschlechtig gebraucht ist, stammt wohl nicht von Lukianos (vgl. Bieler a. a. O.); demnach dürfte ὄρθιος als Femininum dem Lukianos nicht zu vindizieren sein.

πάτριος, τῇ πατρίῳ φωνῇ Alex. 6 ib. 51; κατά τινα πάτριον τοῖς Κυνικοῖς παρρησίαν Demon. 50; καὶ τὴν πάτριον ἐσθῆτα λωποδυτῶν Bis acc. 34; ἑορτῶν πατρίων Anach. 15, wo das Geschlecht nicht erkennbar ist, da Masculinum und Femininum im Genetiv Pluralis gleichen Accent hatten (vgl. Kühner a. a. O. S. 523). Dieses Adjektiv gebrauchten nach Wirths Angaben Thucydides, Xenophon, Lysias, Aeschines, Demosthenes immer communis generis, Andocides, dreigeschlechtig, ebenso Euripides vorwiegend als Adjektiv dreier Endungen und Isocrates verschieden.[3]) Auf den attischen Inschriften ist es ebenfalls nur zweigeschlechtig.[4])

σωτήριος, Ἀγαθὴν.. καὶ σωτήριον λέγεις τὴν τέχνην Dial. Deor. 26, 2, so immer Commune bei Aeschylus und Euripides.

χειμέριος, διὰ χειμερίου θαλάττης Amor. 46; das Wort ist bei Homer dreier Endungen; Sophocles gebraucht es einmal zwei- und einmal dreigeschlechtig; bei Thuc. 3, 22 νύκτα χειμέριον, ist es einmal Commune.

ὤνιος, τὴν ἀρετὴν ὤνιον ὥσπερ ἐξ ἀγορᾶς προτιθέντων Nigr. 25.

Ebenso gebraucht Lukianos meist als Communia die von Eigen- und Ländernamen abgeleiteten Adjektive auf -ιος und, wie wir unten sehen werden, auf -αιος, ein Gebrauch, der nach der Übersicht bei Wirth S. 49 namentlich den Tragikern eigentümlich gewesen ist.

Βάκχιος, ὁποῖα Σάτυροι Βακχίους ὑπ' ὠλένας Okyp. 171; dieses Wort ist nach Kühner, Gramm. S, 536 Anm. 2 allerdings sonst dreigeschlechtig.

Δώριος, τῆς Δωρίου sc. ἁρμονίας Harmonid. 1.

Λύδιος, τῆς Λυδίου sc. ἁρμονίας Harmonid. 1; Pindar N. 4, 45 hat Λύδιος ἁρμονία.

Φρύγιος, τῆς Φρυγίου ἁρμονίας Harmonid. 1; dagegen Amor. 42 τὴν Φρυγίαν δαίμονα d. h. Kybele und ebenso dreigeschlechtig Κάσπιος, τὴν Κασπίαν χιόνα De Hist. conscr. 19, wo Sommerbrodt, Ausgew. Schriften, 3. Bdchn. 1878 allerdings τὴν Κασπιακὴν χιόνα schreibt.

### Die Adjektiva auf -αιος.

Dreigeschlechtig braucht Lukianos folgende:

Ἀκμαῖος, καλὴ πάνυ καὶ ἀκμαία Deor. Dial. 8, 2 und so hat dieses Adjektiv bei den Tragikern auch immer drei Endungen.

---

[1]) Vgl. Bieler, Über die Echtheit des Lucian. Dialogs „De Parasito", Progr. 1890, S. 21. [2]) Vgl. Delbrück, Grundl. d. gr. Syntax S. 12. [3]) Vgl. auch v. Bamberg, Zeitschr. f. Gymn. — W. 1882, Jahresber. S. 193 u 1883, Jahresber. S. 31 f. [4]) Vgl. Meisterhans, Grammatik der att. Inschriften 2. A. 1888 S. 116.

ἀναγκαῖος, ἡ ποιητικὴ παραίνεσις... ἀναγκαία De salt. 67; γάμοι μὲν γὰρ διαδοχῆς ἀναγκαίας εὕρηνται φάρμακα Amor. 33; τῆς ἀναγκαίας ὠμότητος Phal. pr. 10; οὐδεμιᾶς ἕνεκα αἰτίας ἀναγκαίας Anach. 38; ἐπ' οὐδεμιᾷ προφάσει ἀναγκαίᾳ Philops. 1; ἐς τὴν ἀναγκαίαν χρείαν ἀποκείμενον Anach. 26; σπονδὰς ἀναγκαίας De Hist. conscr. 28; πάνυ βιαίους οὐδ' ἀναγκαίας (αἰτίας) De merc. cond. 5; ἀναγκαῖος ist, wie v. Bamberg bemerkt,[1]) in der attischen Prosa des 5. und 4. Jahrhunderts Adjektivum dreier Endungen; nur bei Plato findet es sich in einer Minderzahl von Stellen als Commune neben einer Mehrzahl, wo es dreier Endungen ist.

ἀρχαῖος, ἀρχαία μὲν ἡ προσαγόρευσις Pro laps. in salut. 2; τῆς ἀρχαίας ἐργασίας Hipp. 5; τῆς ἀρχαίας τρυφῆς Navig. 3; τῆς ἀρχαίας ἱστορίας Pro laps. in salut. 7; ἐν τῇ ἀρχαίᾳ κωμῳδίᾳ Pro laps. in salut. 6; τελετὴν ἀρχαίαν De salt. 15. Das Wort ist bei Platon immer dreigeschlechtig.

γενναῖος, τῆς δὲ παρασιτικῆς πάνυ γενναία τις De paras. 22; γενναίας Gen. sg. De paras. 1. Dieses Adjektiv ist bei Platon immer und bei den Tragikern meist dreier Endungen, mit Ausnahme von Eurip. Hec. 592.

δίκαιος, δικαία οὖσα Piscat. 19; ἱστορίας δικαίας Gen. sg. De Hist. conscr. 63; τῆς δικαίας ὀργῆς Jud. voc. 8; ἐπ' οὐδεμιᾷ προφάσει δικαίᾳ Piscat. 17; τὴν δικαίαν τιμήν Patr. enc. 4; οὕτω δικαίας καὶ ἀμερεῖς ποιεῖσθαι τὰς κρίσεις Calumn. 8; τὰς μὲν γὰρ δικαίας τῶν εὐχῶν Ikarom. 25; das Wort ist bei Platon und den Tragikern immer dreier Endungen, ausgenommen Eurip. Her. 901; I. T. 1202.

ἑδραῖος, οὐκ ἔχειν ἑδραίαν τινὰ κρηπῖδα τῶν ἐπαίνων Dem. enc. 9; dieses Adjektiv ist bei Platon immer Commune.

ἠρεμαῖος, ἠρεμαίᾳ τῇ φωνῇ Menipp. 9, so bei Platon immer dreigeschlechtig.

Ἰδαῖος, Ἰδαία γυνή, Deor. Dial. 20, 3.

σταδιαῖος, μάχην σταδιαίαν De paras. 40; dieses überhaupt seltene Wort kommt bei Lukianos nur an dieser Stelle vor, wie auch Bieler, „Über die Echtheit des Lucianischen Dialogs De Parasito" S. 12, angiebt.[2])

τελευταῖος, μέχρι τῆς τελευταίας ἡμέρας Longaev. 22; so bei Platon immer dreier Endungen.

ὑστεραῖος, ἐς τὴν ὑστεραίαν Saturnal. 16; 18; dieses Wort ist auch bei Platon immer dreigeschlechtig.

ὡραῖος, ὡραία παρθένος Dial. marin. 6, 3.

Zwei- und dreigeschlechtig werden gebraucht:

Βέβαιος, οὐ πάνυ οὐδὲ ἐκείνη βέβαιος οὖσα sc. ἔμπνοια Disp. c. Hes. 9; δημοκρατία βέβαιος Tyrannic. 10; καὶ μόνη σοι αὕτη πιστὴ καὶ βέβαιος ἐλπίς Hermot. 68; τὴν ἐλευθερίαν βέβαιον Tyrannic. 2; τὴν διαλλαγὴν βέβαιον εἶναι Abdic. 11; εἰ δὲ τὸ μὴ ἀληθῆ μηδὲ βέβαιον γίγνεσθαι τὴν τοιαύτην βασιλείαν αἰτιάσῃ Saturn. 4; καί τινα ὁδὸν ἁπλῆν καὶ βέβαιον ὑποδεῖξαι τοῦ βίου Menipp. 4.

---

[1]) Zeitschr. f. Gymn. — W. 1886, Jahresber. S. 32; vgl. auch Wirth a. a. O. S. 34. [2]) Progr. Hildesheim 1890.

Nur einmal kommt es mit drei Endungen vor, Tim. 29 οὐδεμίαν ἀντιλαβὴν παρεχόμενος βεβαίαν, wozu zu bemerken ist, dass die Handschriften und Ausgaben sämtlich die Femininform haben. Dieses Adjektiv gebrauchen Thucydides, Andocides, Lysias und Platon nur zweigeschlechtig, Isocrates dagegen nur dreigeschlechtig und Xenophon, Demosthenes, Sophocles und Euripides verschieden.[1])

μάταιος, κινούμενον δὲ ἄλογον ἄλλως κίνησιν καὶ μάταιον De salt. 63.
Sonst dreier Endungen: εἰς ματαίαν πρόφασιν Ocyp. 7; ἐλπίδι ματαίᾳ Tragödop. 29; φωνὰς ἀλλοκότους καὶ ματαίας ἀφίησι De luctu 13; μάταιος ist bei den Tragikern, bei Xenophon, Platon und Demosthenes zweier und dreier Endungen.[2])

Nur communis generis sind bei Lukianos:
ἀγοραῖος, ταυτησὶ τῆς ἀγοραίου ῥητορικῆς Amor. 9; so schreibt auch Herodot ἀγοραῖος διαφορά 7, 9; διοίκησις 6, 2.

βίαιος, πάνυ βιαίους οὐδ' ἀναγκαίας sc. αἰτίας De merc. cond. 5; das Wort ist bei Thucydides, Platon und Euripides zwei-, bei Xenophon dreigeschlechtig.[3])

κρυφαῖος, δεινὴν δὲ καὶ κρυφαῖον εἰς πάντας κάκην Ocyp. 166; das Wort ist bei Platon immer dreier Endungen.

## Die Adjektiva auf -ειος.

Dreier Endungen sind folgende:
Ἀνδρεῖος, ἀνδρείαν φύσιν Philopatr. 3; ἐσθῆτα δὲ ἀνδρηίην ἔχει De Syr. dea 26.[4]) Dieses Wort ist bei Platon und den Rednern immer dreigeschlechtig.

γυναικεῖος, καὶ ἡ κρηπὶς Ἀττικὴ καὶ γυναικεία Rhet. praec. 15; γυναικείαν μορφήν Philops. 14; φωνὴν Ikarom. 20; ἐς γυναικείαν sc. φύσιν Philopatr. 3; ἐσθῆτα γυναικηίην De Syr. dea 15; γυναικείᾳ τῇ πίττῃ Fugitiv. 33; αἱ γυναικεῖοι σύνοδοι Amor. 35. Dieses Adjektiv ist in Prosa und bei Sophocles immer dreier Endungen mit Ausnahme von Platon Legg. XI 934 E, γυναικείους φήμας; bei Aeschylus und Euripides ist es zwei- und dreigeschlechtig.

οἰκεῖος, οἰκεία ... διήγησις De salt. 44; οἰκεία γάρ μοι ἦν ἡ πανοπλία Dial. mort. 29, 1; οἰκείαν τιμωρίαν Phal. pr. 12; εἰς τὴν οἰκείαν ἐπανελθών De morte Peregr. 14; τὴν οἰκείαν ὠφέλειαν, Soloecist. 10; ἢ τὴν ἀποφράδα δείξιας οὐκ οἰκείαν καὶ αὐτόχθονα τῆς Ἀττικῆς Pseudol. 11; τὰς οἰκείας χώρας Jud. voc. 2. Das Wort ist in Prosa und bei den Tragikern immer dreier Endungen; nur Eur. Her. 634 ist es als Commune gebraucht.

Zwei- und dreigeschlechtig braucht Lukianos ἐπιτήδειος (Curt. Grdz.[5] S. 218) wie ἀμβρόσιος ein unechtes Kompositum; ἅμα τε οὖν ἐπιτήδειος ἐδόκει ἡμέρα τέχνης ἐνάρχεσθαι, so schreibt Sommerbrodt Somn. 3, mit den besten Codices,[5]) während Jacobitz ἐπιτηδεία liest; ferner τὴν Χαλκηδόνα ἐδοκίμαζεν ἐπιτήδειον εἶναι Alex. 9.

---

[1]) Vgl. v. Bamberg, Zeitschrift f. Gymn. — W. 1886, Jahresber. S. 32.  [2]) Vgl. v. Bamberg a. a. O. S. 33.  [3]) v. Bamberg ebend. S. 32.  [4]) Über die Echtheit dieser Schrift siehe oben S. 9 u. Sbrdt. Ausg. Schr. d. L., Einl. p. XXI.  [5]) Luc. op. vol. I, p. II, p. IX, adnotatio critica ad somnium.

Dreier Endungen ist es Dial. Deor. 20, 7 οὐ γὰρ ἐπιτήδεια ὀρεοπολεῖν, οὕτω γε οὖσα καλαί. Nach Wirth ist ἐπιτήδειος bei Thucydides, Xenophon und Platon immer mobile.[1]) Communia sind folgende

ἀνθρώπειος, ἐγεμιζόμην ἀνθρωπείον τροφῆς Asin. 46; das Wort ist sonst in Prosa, namentlich bei Platon, immer dreier Endungen.

αὔλειος, ἡ αὔλειος sc. θύρα Dial. meretr. 15, 2; τὴν αὔλειον εὗρον ἀποκεκλεισμένην ἐπιμελῶς Dial. meretr. 12, 3. In attischer Prosa und bei den Tragikern ist das Wort immer zweier Endungen, bei Homer und Herodot dreier Endungen und ebenso an einer zweifelhaften Stelle bei Aristophanes fragm. 251.

βασίλειος, ἐς τὰς βασιλείους αὐλάς De Hist. conscr. 5; dieses Adjektiv ist bei Herodot dreier, bei Euripides und Aeschylus zweier und dreier Endungen; sonst Commune.

ὄρειος, γυνή, ἱκανή μέν, ἄγροικος δὲ καὶ δεινῶς ὄρειος Deor. Dial. 20, 3; ἡ μὲν αὐτῶν ἀρρενικὴ πέρα τοῦ μέτρου καὶ ὄρειος Deor. Dial. 16, 1; οὐ γάρ σε τραχεῖάν τινα οὐδὲ ὄρειον καὶ ἱδρῶτος μεστήν Rhet. praecept. 3; τροφαὶ ὄρειοι Demon. 1; bei Herodot. 1, 110 ῥώρη, dreier Endungen.

τέλειος, τελείους ἡμῖν τὰς εὐχὰς ἔσεσθαι Longaev. 9; dieses Adjektiv ist bei Homer und auf den Inschriften (vgl. Kühner, Gramm. S. 537) dreier Endungen; bei Aeschylus 7 mal dreier und 3 mal zweier Endungen; bei Sophocles und Euripides je einmal dreier Endungen. Da die Schrift „Μακρόβιοι" nicht echt ist, so dürfte τέλεος hier als Femininum verdächtig sein; jedenfalls ist diese Form nicht auf Lukians Rechnung zu setzen.[2])

Namentlich sind zweigeschlechtig die von Eigennamen abgeleiteten Adjektiva auf -ειος.

Αἰάντειος, Αἰάντειόν τινα τὴν κορωνίδα De Hist. conscr. 26, Aianteum quendam finem, vgl. Sbrdt. zu dieser Stelle.

Ἱππολύτειος, οὐδὲ Ἱππολύτειον ἀγροικίαν ὠφρυωμένος Amor. 2.

Μενάνδρειος, τὴν Μενάνδρειον ἐκείνην ἀπορρήξας φωνήν Amor. 43.

Ὀδύσσειος, ἡ πᾶσα Ὀδύσσειος πλάνη De salt. 46.

Ταντάλειος, Ταντάλειους δίκας ὑποφέρειν Amor. 53.

---

[1]) a. a. O. S. 24, 26 und 34. [2]) Dass Lukianos nicht der Verfasser der Schrift „Μακρόβιοι" sein kann, hat nach Schmieder vor allem C. Ferd. Ranke in seiner Abhandlung, Pollux et Lucianus, Quedlinburg 1831 S. 16 ff. ausführlich und schlagend nachgewiesen. Derselbe sagt unter anderem Seite 16: Sed quid est, quod demonstremus? quum qui unum recte legerit Luciani libellum, hunc quidem toto coelo ab illo scriptore alienum esse videat. Nam si quis non mente cassus est, Lucianeae elegantiae in dicendo summae, et ingenuae eius naturae no vestigium quidem reperiet. Profecto si hanc sibi librum tribui aliquando posse a posteris praevidisset, toto animo horruisset Lucianus. Nihil inest, nihil, inquam, quod Lucianum prodat auctorem; multa quae contra agant. Und S. 17 fährt er fort: Quid autem de dicendi ratione dicam? ubi est copia illa, quae adeo in reprehensionem interdum incurrit? ubi faceta illa elegantia? ubi fervor ille ingenii, quem ubique apud Lucianum conspicimus? u. s. w. Diesem Gelehrten stimmt auch Fritzsche, der leste Gewährsmann auf diesem Gebiete bei, wenn er „De Libris Pseudolucianeis", Index Lectionum in Academia Rostoch. Sem. Aest. 1880 S. 6 sagt: Ac primum quidem ii critici rem acu tetigisse putandi sunt, qui nuper rationibus optimis adlatis singulos quosdam libellos ab Luciano abjudicarunt, sicut eum qui „Μακρόβιοι" inscribitur, ob causas plurimas Rankius l. l. p. 16 sqq.

Nur Ἡράκλειος ist dreigeschlechtig, ἡ λίθος ἡ Ἡρακλεία Imag. 1 und in einem Citat aus Homer οὐδὲ γὰρ οὐδὲ βίη Ἡρακλείη φύγε κῆρα Philopatr. 14.

An zwei Stellen lässt sich nicht entscheiden, ob die Form Masculinum oder Femininum ist, ἀπὸ Ἡρακλείων στηλῶν Ver. Hist. 1, 5 und Hermot 4, da bei diesem und ähnlich betonten Adjektiven das Masculinum und Femininum im Genetiv Pluralis gleichen Accent und somit gleiche Form haben (vgl. auch oben S. 38 unter πάτριος). Der Gebrauch dieser von Eigennamen abgeleiteten Adjektiva als Communia scheint, wie bereits oben S. 38 bemerkt wurde, namentlich bei den Tragikern, insbesondere bei Euripides, üblich gewesen zu sein; aber auch Xenophon hat, Hell. II, 4, 11, εἰς τὴν Ἱπποδάμειον ἀγορὰν ἐλθόντες.[1])

### Die Adjektiva auf -ιμος.

Dreier Endungen ist bei Lukianos immer χρήσιμος: Ἔστιν, ὦ φιλτάτη, ὅτι χρησίμη φαρμακίς, Σύρα τὸ γένος, ὡμὴ ἔτι καὶ συμπεπηγυῖα, Dial. meretr. 4, 4; τὴν μέντοι κόνιν ἐπὶ τὸ ἐναντίον χρησίμην, οἰόμεθα εἶναι Anach. 29; ἔχει τινὰ τέχνην ἢ θεοῖς ἢ ἀνθρώποις χρησίμην Deor. Dial. 26, 2; οἴμοι, γυναῖκα χρησίμην ἀπώλεσα, Adv. ind. 15; diese Stelle ist nach Ziegeler ein Vers aus der lächerlichen Tragödie des Tyrannen Dionysius des Älteren.[2]) Dagegen stimmt Schulze, „Lukianus als Quelle für die Kenntnis der Tragödie",[3]) den Bedenken Naucks (T G F S. 168) bei und hält die hier stehenden Verse für Erfindungen Lukians, da ihr Inhalt zu trivial sei. — Was den sonstigen Gebrauch von χρήσιμος anlangt, so bemerkt Wirth a. a. O. S. 55 zu diesem Adjektiv: Quae vox modo communis, modo mobilis est, nisi quod Isocrates femininas terminationes praefert (7 : 1), Plato communes (7 : 3).

Zwei- und dreigeschlechtig werden gebraucht:
γνώριμος, οὐδὲ πᾶσι γνώριμος ἡ θύρα Piscat. 13; εἰ μὴ γνώριμος ἦν ἅπασιν ἡ κατ' αὐτὴν ἱστορία Musc. enc. 11; dagegen ἐγὼ δί, ὦ τέκνον, Παιδεία εἰμὶ ἤδη συνήθης σοι καὶ γνωρίμη Somn. 9. Dieses Adjektiv ist sonst Commune; nur Platon hat Rep. X 614 E καὶ ἀσπάζεσθαί τε ἀλλήλας ὅσαι γνώριμαι.

ἕτοιμος, ἐς κύλικα ἕτοιμον, ἔχειν αὐτό Dial. mort. 7, 1; κύλικας ἑτοίμους ἔχων τὴν μὲν τῷ Πτοιοδώρῳ τὴν ἔχουσαν τὸ φάρμακον, τὴν δὲ ἑτέραν ἐμοί Dial. mort. 7, 2; dagegen Asin. 51 ἡ δὲ γυνὴ οὕτως ἦν ἄρα εἰς τὰ ἀφροδίσια ἑτοίμη. Bei Homer ist das Wort dreier Endungen; Herodot gebraucht es auch als Commune, z. B. 3, 45 γυναῖκας εἶχε ἑτοίμους; vgl. Herod. 5, 31; Dem. 8, 15; 46.[4])

Nur zweier Endungen sind:
ἀοίδιμος, καὶ Δεινίου φιλίαν διηγήσομαι ἀοίδιμον ἐν τοῖς Ἴωσι γενομένην Toxar. 12; τὴν ἀοίδιμον ταύτην λέγεις Imag. 10; ἀοίδιμοι κληδόνες Amor. 49; πρᾶξις ἀοιδίμους Anach. 21 und Demosth. enc. 10; οὐκ Ἀθῆναι μὲν αὐτῷ πατρὶς αἱ λιπαραὶ καὶ ἀοίδιμοι καὶ τῆς Ἑλλάδος ἔρεισμα; welche Stelle eine Nachahmung von Pindar fragm. 76 ist.[5]) Bei Herodot und Pindar ist ἀοίδιμος ebenfalls Commune.

---

[1]) Vgl. hierzu Wirth a. a. O. § 5 De adjectivis quae a nominibus propriis formata sunt; Kühner, Gramm. S. 537 und La Roche a. a. O. S. 6, welcher mehr Beispiele bringt. [2]) De Luciano poetarum iudice et imitatore S. 34. [3]) Jahrbb. f. Phil. u. Paedag. 1887, 135/136 2. H. S. 128. [4]) Vgl. La Roche a. a. O. S. 14. [5]) Vgl. Brambs a. a. O. S. 48.

ἐφ-έσ-ιμος, welches Wort nicht als Kompositum, sondern als eine Weiterbildung von ἔφεσις zu betrachten ist; ἡ δώσει´ μοι ἐφέσιμον ἀγωνίσασθαι τὴν δίκην; Pro imag. 15; ἐφέσιμον ἀγωνιεῖται τὴν δίκην Bis acc. 12.

ὠφέλιμος, καὶ ὡς οὐ τερπνὴ μόνον, ἀλλὰ καὶ ὠφέλιμός ἐστι τοῖς θεωμένοις sc. ἡ ὄρχησις De salt. 6; παιδιὰν ὠφέλιμον De salt. 23; das Wort ist auch sonst meist zweigeschlechtig, nur Platon hat an drei Stellen eine besondere Femininform Charm. 174 D; Men. 98 C und Rep. X; 607 D ὡς οὐ μόνον ἡδεῖα, ἀλλὰ καὶ ὠφελίμη πρὸς τὰς πολιτείας u. s. w.

Endlich mag hier noch das homerische, seiner Ableitung nach zweifelhafte, Adjektiv ἴφθιμος Erwähnung finden. Es findet sich nur einmal in Lukians Schriften und zwar in den unter seinem Namen überlieferten Epigrammen. Epigr. 52 wird nach Il. I, 3 citiert „πολλὰς δ' ἰφθίμους ψυχὰς Ἄϊδι προΐαψεν." Homer hat bekanntlich an einigen Stellen auch eine besondere Femininform von diesem Adjektiv, aber nur bei Personen weiblichen Geschlechts.[1])

Die vorstehende Übersicht über die Motion der einfachen Adjektiva ergiebt zunächst, dass Lukianos sich auch in dieser Beziehung im grossen und ganzen den Sprachgebrauch der besten Schriftsteller und namentlich der attischen zum Muster genommen hat. Im einzelnen liefert meine Untersuchung folgendes Resultat: Von den einfachen Adjektiven, welche, ursprünglich Substantiva, in der ganzen Gräcität zweier Endungen sind, finden sich bei unserem Schriftsteller zehn; abweichend vom sonstigen Sprachgebrauch ist ἀργός, glänzend, und δῆλος zweigeschlechtig gebraucht; ebenso auffallend, doch nicht gegen alle Regeln der Motion im Altgriechischen, erscheint πρᾶος als Femininum für das gewöhnliche πραεῖα und das Adjektiv verbale φορητός, welches sein Analogon in ἐπιβατός findet; die erwähnten vier Adjektiva kommen übrigens sämtlich in allgemein als echt anerkannten Schriften vor.

Die Adjektiva auf -ινος sind mit der einzigen Ausnahme von ἐλεφάντινος in der pseudolukianischen Schrift Nero dreier Endungen.

Hinsichtlich der Adjektiva auf -ιος, -αιος, -ειος, -ιμος ergiebt sich folgendes Zahlenverhältnis:

|  | -ιος | -αιος | -ειος | -ιμος |
|---|---|---|---|---|
| Dreier Endungen sind: | 19 | 12 | 4 | 1 |
| Zweier Endungen „ : | 24 | 3 | 10 | 4 |
| Schwankend „ : | 7 | 2 | 1 | 2 |

Demnach sind die Adjektiva auf -αιος bei Lukianos überwiegend dreier, die auf -ιος, -ειος, -ιμος häufiger zweier Endungen, wobei noch zu bemerken ist, dass die Hälfte derer auf -ειος von Eigennamen abgeleitete Adjektiva sind.

Gegen den gewöhnlichen Sprachgebrauch sind communis generis namentlich κόσμιος, Βάκχιος; τέλειος in der unechten Schrift „Μακρόβιοι"; ferner ἐθελούσιος und οὐράνιος, beide in der unechten Schrift „Δημοσθένους ἐγκώμιον", und endlich ἀνθρώπειος.

---

[1]) Siehe meine Abhandl. „Zur Motion" u. s. w. S. 18.

Nach den bisher von mir geführten Untersuchungen und nach dem, was sonst über die Motion der Adjektiva im Altgriechischen bekannt ist, scheint mir für das Altgriechische überhaupt das Ergebnis dasjenige zu sein, dass die Geschlechtsflexion der Adjektiva sich im allgemeinen innerhalb der von der homerischen Sprache vorgezeichneten Bahnen bewegt hat. Wie oben schon mehrfach ausgesprochen wurde, hatten ursprüngliche Substantiva auf -ος, welche adjektiviert wurden, und eine grosse Fülle von Kompositis auf -ος den Typus von zweigeschlechtigen Adjektiven auf -ος ausgebildet. Diese beeinflussten dann auch die Motion der einfachen Adjektive und überall finden sich Analogiebildungen nach der einen oder der anderen Seite hin. Im besonderen freilich verdient noch der Sprachgebrauch einer ganzen Anzahl, hauptsächlich von einfachen Adjektiven, bei den verschiedenen Schriftstellern genauer festgestellt zu werden. Die Inschriften und Dialekte scheinen merkwürdiger Weise nach dieser Richtung hin keine sonderlich reiche Ausbeute zu geben.

## Berichtigungen.

S. 4 Anm. 7 lies statt ονος ὄνος.
„ 5 „ „ (ὄκνους) (ὄκνος).
„ 6 „ „ λευλό-λοφος λευκό-λοφος.
„ 9 a. E. „ „ τὰς πόλεις δέ τὰς πόλεις δὲ.
„ 10 „ „ Ἴλιος Ἴλιος.
„ 15 „ „ καὶ πανθ᾽ ἁπλῶς καὶ πάνθ᾽ ἁπλῶς.
„ 15 „ „ παρ᾽ ὅσον μεγαλήγορος μεγαληγόρος.
„ 15 a. E. „ „ γὰρ τινὰς αὐτάς γάρ τινας αὐτάς.
„ 17 a. E. „ „ gowönlichem gewöhnlichem.
„ 20 „ „ καὶ ἀδέκαστον καὶ ἀδεκάστον.
„ 24 a. E. „ „ ἡ δ᾽ ἀληθής ἐν᾽ αὐταῖς ἡ δ᾽ ἀληθὴς ἐν αὐταῖς.
„ 33 „ „ φορητός ἡ ᾠδή φορητὸς ἡ ᾠδή.
„ 33 Anm. 3 „ „ την την.
„ 35 o. „ „ τὴν δὲ τὴν μακαρίαν τήνδε τὴν μακαρίαν.
„ 40 „ „ αἱ γυναικεῖοι σύνοδοι αἱ γυναικεῖαι σύνοδοι.